# 弱关系创富

## 陌生人如何成为你的财富杠杆

李海峰——著

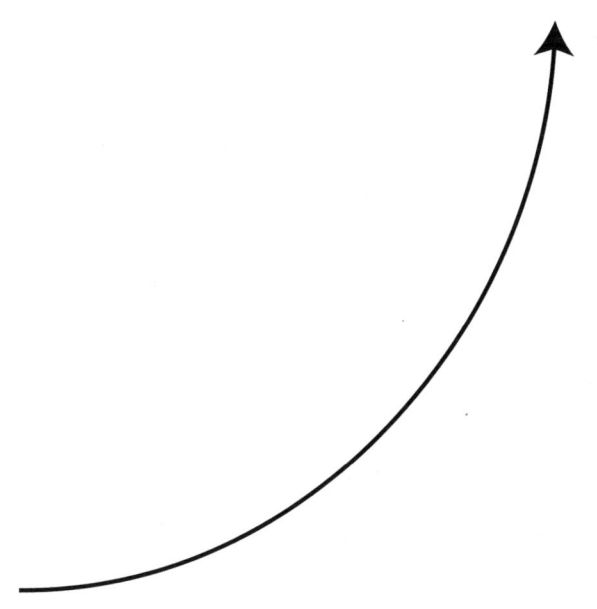

图书在版编目（CIP）数据

弱关系创富 / 李海峰著. -- 北京：北京联合出版公司, 2025.4.（2025.4重印）-- ISBN 978-7-5596-8368-7

Ⅰ.C912.11-49

中国国家版本馆CIP数据核字第2025A2V308号

## 弱关系创富

作　　者：李海峰
出 品 人：赵红仕
责任编辑：周　杨
策划编辑：蔺亚丁
封面设计：末末美书

北京联合出版公司出版
（北京市西城区德外大街83号楼9层　100088）
北京时代华语国际传媒股份有限公司发行
唐山富达印务有限公司印刷　新华书店经销
字数196千字　690毫米×980毫米　1/16　15.5 印张
2025年4月第1版　2025年4月第2次印刷
ISBN 978-7-5596-8368-7
定价：58.00元

版权所有，侵权必究
未经书面许可，不得以任何方式转载、复制、翻印本书部分或全部内容。
本书若有质量问题，请与本公司图书销售中心联系调换。电话：010-63783806

## 自 序

## 财富密码，就藏在你的弱关系里

我们时常听到这样一句话："在家靠父母，出门靠朋友。"

父母、朋友，还有爱人、孩子，甚至同事，都是和我们有着紧密联系的强关系人群。

我们的工作和生活，都离不开他们，人生的重大抉择，也往往会参考他们的意见。

强关系可以带来稳定性和信赖感，但也有其弊端。

一方面，因为交流的频率高、次数多，通过强关系得到的信息同质化严重，你知道的我也知道，我不知道的你也不知道；另一方面，通过强关系了解到的信息一定有局限性，比如一个做销售的亲戚，大概率会给你推荐销售相关的工作，而很难给你推荐一个插画师的工作。

基于以上原因，人们很难从强关系中发现新的信息。

因此，强关系不能是人生的全部。那些泛泛之交的弱关系，也应该加以重视。

弱关系，指的是那些平时很少交流的人，甚至是从没交流过的陌生人。因为很少交流，从他们那里获取的信息大部分是全新的，它打破了强关系形成的信息壁垒，很可能让人产生新的视角，获取新的认知。

有时候，弱关系对于人们工作的机会、财富的获取、阶层的跃迁，具有意想不到的推动作用。

20世纪70年代，斯坦福大学的教授格兰诺维特做过一个著名的调查，他在波士顿随机选取了100个人进行深入采访，结果发现，无论被访者的学历有多高，只靠看广告、投简历找到工作的人，占比不到一半（46人）。大部分人，是靠人脉找到工作。而且，这些靠人脉找到工作的人中，大部分是靠弱关系：55.6%的人所利用的关系，是和他们只是偶然会面的人。具体来说，是每周见不到两次，但每年至少能见上一次的人。另有27.8%的人，利用的则是一年也见不到一次的弱关系。只有16.6%的人，是利用了每周能见两次面以上的强关系。

当然，弱关系要引起重视，并不意味着要抹杀强关系的作用。不管是什么关系，能为我所用、互为势能的，就是好关系。而这些层层叠叠的关系网络中，有些不起眼的弱关系，很可能就是你创富的关键所在。

人脉越广，钱路越宽。人际关系的背后，其实是信息。利益的获取，就在于掌握信息差。

强关系的人往往都在一个认知圈里，要想获得更多的财富，首先要打破圈子，拓展你的人际关系地图，而决定这张地图宽广度的，就是你的弱关系。

本书共分为六大章，第一章从人性底层逻辑的角度进行分析，结合DISC理论，深入剖析人内心的需求。不管是哪一种特质，都不是缺点，只是人的特点，可以根据情况进行调整。第二章重点论述了个体成事的心法，要想成事、搭建好人际关系网，就需要明确认知自我，明确自己的需求，做到多方共赢。第三章分析了人际关系和财富的联系。关系的本质是需要，财富不可控，而关系是可控的。第四章讲的是价值的联结，价值的联结就是更深层次的关系活动。第五章讲了借势和造势，分析了势能与财富的关系，在这个流量为王的时代，我们要充分维护好和经营好各种弱关系，不断地借势、造势，并顺势而为。第六章进一步进行扩充，指出联盟是成事的最佳途径。因为联盟的保障，成员之间可以成本共担、风险共担，因此可以实现资源加倍、势能加倍。

关系虽无形，却能为个人创造更多的机遇、带来更多的资源。

一个懂得感恩、善于维护关系的人，能在有需要时更快得到他人的帮助，化解危机。同样，一个拥有广泛人脉的企业家，往往更容易获取市场信息、找到合作伙伴和投资机会。

愿你我都能架构好自己的人际关系网，强也好，弱也罢，发心向善，用心经营，路必定越走越宽，越走越远。

李海峰

2025年2月于广州

# PART 1

## 人性的底层逻辑

- 人性是四种要素的组合 · 002
- 给你的弱关系提供情绪价值 · 009
- 让每个人都被看见 · 018
- 只有邀请,没有要求 · 024
- 做好自己,才能赢得信任 · 029
- 你做的一切都是加分项 · 035
- 示范的力量,大于说服 · 042
- 弱关系越多,你的贵人就越多 · 048

# PART 2

## 成事的心法

- 正确认知自我,赚钱不是难事 · 056
- 个体成事如何找准定位 · 068
- 个体成事的必备心态 · 075
- 个体成事的关键能力与技巧 · 082
- 个体成事如何持续发力 · 088

# PART 3
## 关系的本质

- 处理好弱关系能让你变富 · 096
- 建立人际关系的基本准则 · 103
- 人际关系的几大催化剂 · 108
- 好的沟通是人际关系的润滑剂 · 115
- 如何处理工作中的弱关系 · 121
- 家庭关系是终身学习的必修课 · 126
- 幸福感是关系发展的原动力 · 131

# PART 4

## 高价值的联结

- 价值与财富的关系 · 138
- 识别对方需求 · 145
- 向上学习,成为自己的贵人 · 152
- 让他人主动与你合作 · 157
- 建立轻合伙的关系 · 164

# PART 5

## 借势与造势

- 势能与财富的关系 · **170**
- 蓄势的方式方法 · **176**
- 做好借势，快速突围 · **179**
- 如何做好造势 · **186**
- 如何互为势能 · **195**

# PART 6

## 联盟与势能

- 联盟是成事的最佳路径 · **202**
- 选到适合的联盟，让成事更容易 · **207**
- 自信且正确地展示自己的价值 · **211**
- 用别人想要的方式，给别人需要的东西 · **216**
- 用产品增加联结的可能性 · **220**
- 加深盟友关系，让联盟更有竞争力 · **224**
- 相信周期，把握市场大趋势 · **231**

# PART 1

## 人性的底层逻辑

人性是四种要素的组合

人性的底层逻辑与成事的关系

你做的一切都是加分项

让每个人都被看见

情绪价值高了，心与心就近了

只有邀请，没有要求

示范的力量，大于说服

相信一切都是OK的

## ·人性是四种要素的组合·

"人性",是一个很宽泛、很虚空、很具个人特色的概念。

从文字的角度来看,这个概念有其独特的价值,你完全可以自己来定义它。毕竟,每个人的思维方式不同,况且还有地区之间的差异。比如,东方人的思维习惯是从感受出发,看到很多样本之后,进行归纳总结,用的是"归纳法";而西方人更多的是从本源开始思考,通过演绎(推理),得到结论,用的是"演绎法"。

### DISC 是人性的底色

1928 年,DISC 理论体系(以下简称"DISC")由威廉·莫尔顿·马斯顿博士建立,并迅速成为全球流行的测评工具。它能让人们对某个特定事物的研究变得更加简单,也更加科学,而不是像以前那样,仅凭感觉去总结。

DISC 建立了一个坐标轴,我们可以通过这个坐标轴去拆解事物的底层 DNA。比如,世间的色彩五彩斑斓,回归到基本色,就是红色、黄色、蓝色,它们被称为色彩的"三原色"。人们用这三种颜色,就可以调配出绝大部分色彩。同理,DISC 坐标轴中的四种要素,可视为"人性的底色",我们可以借助它们来分析人性。

尽管从感受的层面来看,不同个体之间性格是有差异的,但这些差异,也不过是人性底色组合方式的不同。在组合的过程中，每个人除了运用自己的经验，也会借鉴别人的经验，从而对同一个事件产生差异化的感受。

就像我，一直在研究人的行为风格。从人性的底层出发，我更愿意把它分为四种基本的组合。在这个过程中，源于对 DISC 二十多年的研究，我借鉴了很多模型。

## 人性背后是内心的需求

DISC 所代表的四种特质，分别对应着人们内心不同的需求。

### D 指挥者 / 支配型特质

D，"帝王将相"的帝。这类人性格外向，反应速度快，权力欲望强。真正能激发他们的，是跟别人竞争。他们遇强则强，没有对手的话，内心会感觉寂寞。这类人的行为背后，对应着人性的掌控欲。推演到极致，可能还有他们对安全感的需求。

### I 影响者 / 影响型特质

I，"爱情"的爱。这类人更关注他人，很在意有没有得到及时回应。对这个类型的人来说，最让他们受伤的方式，不是骂他们，而是忽略他们的存在。跟他们互动时，一定要注意他们的这个特质。对于他们的需求，你要及时做出回应，他们想发声的时候，就要给他们机会。

### S 支持者 / 稳定型特质

S，"士兵"的士。这类人既关注他人，也愿意配合他人，但反应和配合的速度比较慢。他们之所以愿意帮助别人，是想被别人需要。他们想通过帮助他人来实现自己的价值。

### C 思考者 / 遵从型特质

C，"思考"的"思"。这类人关注事件本身，习惯对事不对人。他们反应速度比较快，风格比较严谨，能够置身事外，处事公平、公正。**他们坚信"吾爱吾师，但吾更爱真理"**。哪怕你是他的老师、他的父亲，只要跟他崇尚的真理矛盾，他还是会坚持真理。

每种特质的背后，都蕴藏着人内心的需求。人们满足内心需求的方式，又体现出不同的人性。

要想通过 DISC 看到这些特质，我建议了解三个前提。

### 一、每个人身上都有这四种特质

每个人身上都有 DISC 的四种特质，只是比例不同。虽然大家的需求千奇百怪，但只要这四个特质所对应的需求满足了，大概率可以被照顾好。

### 二、需要的时候能拿得出来

DISC 中的四种特质，是人本身所固有的。任何时候，只要人有所需要，就可以拿出来，呈现在别人面前，这源于对自己的洞察和理解。想了解人性，可以找准人的不同特质，并分析其组合方式和比例。洞察越细微，理解越深刻，分析得就越精准。

### 三、特质可以被调整和改变

**特质既不是优点，也不是缺点，只是人不同的特点，可以根据情况进行调整。**

比如，一个人的掌控能力很强，用得好就是优点，用得不好就是缺点；一个人很喜欢被别人关注，用得好就是优点，用得不好就是缺点。

不同情况下，你所呈现的特质会带来不同的结果，但是，只要你的行为符合人性的基本标准，就不会出大问题。

标准一：出发点是不是好的。

做任何事情，发心都很重要。有了好的出发点，结果无论如何都不会太差；而出发点不好，从开始就有偏差，结果无论如何都不会太好。

比如，在使用"D"的时候，你要问自己：我是否需要极致的安全感？我是否需要权力？还有，我使用权力的目的，是捍卫自己团队或群体的利益，还是保护自己，抑或是侵犯，甚至操纵他人？

很明显，"侵犯"和"操纵"他人，肯定是不好的出发点。

标准二：激励内在，还是表扬外在。

有些人自认为掌握了人性，也知道对方需要被关注，但他对人性的理解往往流于表面。比如，他会说：

刘总，您长得很帅，您这件衣服很好看。

这叫"表扬外在"。

真正有力量的说法，应该是"激励内在"，可以这样说：

刘总，您穿得这么帅，除了天生帅气之外，更在于您有很好的审美品位，也精于穿搭。我觉得，您对美的感受能力肯定非常强。

跟人的互动，如果只停留于外在，是没办法激励其内在的。能把表面上的帅往内在靠，拉到"审美能力"上，把心锚定在这里，你看到的就不是他外在的穿搭，而是他内在的审美。

因此，我们建议大家，把对一个人外在的表扬，变成对他内在的激励。

**标准三：照顾需求，而不是放纵行为。**

渴望满足内心需求，是人的本能。而照顾需求，是人性的基本体现。过分满足需求甚至是放纵需求，则是不可取的。

通过研究 DISC、分析人性，你会发现，**与他人相处时，照顾好他人就是在照顾你自己的需求**。你也要明白，照顾自己的需求是有限度的。如果放纵自己的行为，在错误的时间或地点满足不该满足的需求，结果只会适得其反。

比如，学习或工作累了，就应该放空大脑，放松精神。如果已经明确感觉到累，却不让大脑暂时停下来，那么，无论是选择以打游戏的方式放松，还是选择继续疲劳"作战"，都是放纵行为，都不能真正满足大脑的需求。

**标准四：如其所是，而不是如我所想。**

每个人都有自己的坚持，一些特别公平、公正的人，有时也会有固执的一面，把某些原则和标准奉为圭臬，任何情况下都不肯变通。

很多人觉得这样的固执令人难以接受，甚至心生反感。我也知道，这个人所坚持的原则或标准，换一个对象、框架、场景，也不一定都有道理，但我依然选择尊重他。

**正如我尊重一切事物原本的样子，假如它是苹果，就让它做苹果；假如它是梨子，就让它做梨子。**

如果你以自己的意志为准，坚持认为无论苹果还是梨子，都应该像椰子一样生长，那就是违背了它的本性，结果一定不理想。

## 掌握 DISC，比别人更快获得幸福感

经过二十多年的研究和总结，我可以很笃定地告诉大家，了解并使用 DISC，将对你大有益处。这种益处，主要体现在以下三个方面。

一、独处时能照顾好自己

当下，很多人深受焦虑情绪的影响。一旦陷入这种情绪，就会产生挫败感和无力感，难以照顾好自己。究其根本，是他们没有足够多的选择，也缺乏选择的能力。

当你了解了这四种不同特质的需求，就可以根据相应的需求，选择对待自己的最佳方式。

在社群里，有新伙伴参与进来时，我们都是根据 DISC 去做分解，给他提供提升自身能力的落地方案。我们会告诉他，这四个需求就摆在你面前，你用 D 怎么做，用 I 怎么做，用 S 怎么做，用 C 怎么做。

DISC 能给新伙伴带来帮助，关键在于我们不从态度层面给予鼓励，告诉他一定可以走出焦虑，而从能力层面提供方法，帮助他提升自己。

做一件事情时，能力跟态度会相互影响。我们要让新伙伴时刻都有一种意识——他是一个有选择能力的人，能找到正确的、适合他的选项。做到这一点，他大概率不会迷茫、焦虑，更不会把自己当成受害者。如此一来，他就不会带着负面情绪到处走，也不会到哪儿都让别人不舒服。

二、相处时能照顾好他人

著名心理学家阿德勒讲过，所有的幸福感都来自关系。我的理解是，只要相处时照顾好他人，就能发展和经营出一段滋养自己的关系，并产生幸福感。

与他人相处时,通过对DISC的拆解,可以了解对方的需求。

这样,在互动时,就能懂得根据人性的需求去影响对方,而非用自己喜欢的方式去影响对方。

我之所以执着于滋养关系,与我二十多年来亲身推广DISC有关。我周边的很多人受到DISC的影响后,摆脱了焦虑,感受到了幸福,像太阳一样向周围散发着温暖的光芒。

### 三、能照顾好这个世界

人与世界的关系,无外乎两种:一种是与自己的关系,另一种是与他人的关系。

照顾好自己,也照顾好他人,就处理好了一切关系,也就照顾好了这个世界。

当然,我必须说清楚,虽然以上三个方面很有价值,但没有人可以真的做到完美。这意味着,即便学了DISC,掌握了这套理论和方法,也不能保证你不焦虑,或者一定能跟他人建立和谐的关系,并获得幸福感。

但是,掌握了DISC的精髓,你就有能力早点摆脱焦虑,也可以在建立和谐关系与获得幸福感的路上,比别人走得更快。

## · 给你的弱关系提供情绪价值 ·

我在研究人性的过程中,少不了参照各种各样的模型,其中用得最多的是"冰山模型"。

冰山是漂浮在海中的大块淡水冰,包括水上和水下两个部分,其中水下部分的体积和质量,往往是水上部分的数倍,水面则是这两部分的分界线。

我用这个模型来分析一下人性:冰山在水面上的部分,是可以观察到的行为;冰山在水面下的部分,是个人内在的需求。情绪,就是那条分界线(水面)。

原本人性不一定可以观察到,但借由这条分界线,就可以发现两个很有趣的点:

当你的情绪浮现出来,即便只是一点点,别人也可能觉察到。

往情绪下面深挖,你会有机会挖到自己意想不到的东西。

### 只要有情绪,一定有需求

情绪出现时,要意识到,只要有情绪,一定有需求。因此,受困于情绪时,先不要急着控制它,要理解它。当你尝试理解并满足自己及他人的需求时,你就会明白,原来可以有很多更好的解决方案。

● **区分谁有情绪**

情绪的主体，分为两个维度。第一个维度是自己，第二个维度是别人。

自己心情不好

心情不好的时候，一定要照顾好自己。不同特质的人，应采取不同的应对方式。

D特质的人，需要掌控欲，可以投身工作。因为情绪不可控，而工作可控。

I特质的人，小情绪来得快，去得也快。如果真的了解自己，可以去逛街，买点东西，小情绪就消散了。

S特质的人，要体现价值，情绪不好的时候，可以试着照顾他人，有了存在感，情绪就没那么明显了。

C特质的人，去观察和记录自己的情绪。什么天气容易出现坏情绪，是阴天还是晴天？你甚至可以把处理坏情绪的方式写成文章发表，以帮助他人在独处时照顾好自己。

不管你现在有何种情绪，都可以立刻拿出改善情绪的四种应对方式，这恰好对应了我常说的一句话——凡事必有四种解决方案。

别人心情不好

这个维度，是要照顾好别人，策略也很简单。

第一步，告诉对方，我懂你，接受你有情绪；
第二步，协助对方发现情绪，告诉对方是什么情绪；
第三步，协助对方拿出四种解决方案。

● **人同此心，心同此理**

情绪有一个很明显的特点——人同此心，心同此理。

可以简单理解为，每个人的需求虽不相同，但都有类似的地方。

人的情绪和肢体动作，是先天就有的；对文字的理解和表达，以及对自己的认知，是后天发展出来的。

泰戈尔有一首很精彩的诗——《用生命影响生命》。诗歌的开头就说：

把自己活成一道光，因为你不知道，谁会借着你的光，走出了黑暗。

而生命的状态，很多时候是通过情绪来呈现的。因此，大家一定不能忽视情绪的价值，它能让物理距离很远的人，心与心之间靠得更近。

## 情绪价值是一种先进的工具

情绪是桥梁，是读懂对方或者快速传递信息的工具。最好的体现就是你能读懂对方，甚至让对方觉察到你懂他。

与他人相处，能快速走进对方的内心很重要。

如果把走进对方内心的方式比作从上海到北京的交通方式，懂对方情绪和不懂对方情绪之间的区别，就相当于坐飞机去和走路去之间的差别。懂得运用情绪价值，也许两个小时就能抵达对方的内心；不懂得运用情绪，很可能要弯弯绕绕走上一年。

善用情绪的人，掌握了先进的工具，能更好地抵达别人的内心。他的目标，也更容易实现。这就是情绪的价值，我们要学会充分利用它。

当然，每个人对情绪价值的认知是不同的，通常来说，主要有以下两个维度：

**确定性和不确定性，可控和不可控**

不懂情绪价值的人，总是会碰壁；懂得情绪价值的人，则会更顺利，也能赚到更多的钱。这样说，与当下这个时代的特点有紧密的关系。这里，有两对很重要的反义词——确定性和不确定性，可控和不可控。

如今的环境里，确实有很多不确定性和不可控的因素。但是，能为别人提供情绪价值，是具备确定性的，是可控的。培养自己的情绪价值，运用好情绪价值跟别人互动，确定性会更高，可控的东西会更多，未来能拿到的机会也更多。

**越上层的人，越需要情绪价值**

卡耐基有一句话，一个人的成功，85%以上跟他的专业知识、经验积累无关，而是跟他的人际敏感度有关。人际敏感度，简单来讲，就是你能不能识别他人的情绪，能不能有效地提供别人需要的情绪价值。

一般来说，越上层的人，越需要情绪价值。因为他们已经有足够的财富，更需要比较稀缺的情绪价值。谁能够给他们提供真实的情绪价值，谁就会是更受他们欢迎的人。

理解了这两个维度，你就会明白：有的时候，不是人追着钱跑，而是钱追着人跑。只要你能提供情绪价值，钱自然就会追过来。

"有钱"只是一种状态，但这种状态不是一成不变的。保持与他人的良好关系，才会带来更多的财富。

洛克菲勒曾说，你可以把我的企业一把火烧了，只要把这些人给我留住，我马上可以再创造一个伟大的企业。

他看中的是人，是那些能够并肩作战的人，这就是关系的价值。

在我们的社群里，有两条大家都很受用的规则：

如果你持续对社群付出，却没有得到回报，代表你的打开方式不对，正确的打开方式，是给别人提供情绪价值。

我们不提供返利，之所以能活下来，不是因为返利无效，而是因为我们清楚地知道，在这样的一个环境里，只要大家都懂得使用情绪价值，那么大家合作产生的价值，将远大于固定的学费。

为了更好地帮助大家理解善用情绪价值对我们的帮助，我想讲三个例子。

例子一：大家为我支付10万元/时的演讲费。

如今，我的演讲市场价是10万元/时。我承认，我的演讲水平不是最高的，但在交付上，我绝不会掉链子，甚至会让客户觉得物超所值。

我的所有客户，都是DISC学长（姐）。他们愿意给我付费，在某种程度上，是因为他们能感觉到，我是一个很有责任心的人，能照顾好他们。

在同等业务水平下，我能拿到最高的回报，并不是我的专业知识有多丰富、专业技能有多强，而是因为我在他们眼里是好人，能给他们提供情绪价值。

只要专业水平基本达标，又能为别人提供情绪价值，那么大家愿意在情感上支持你，希望你能成功，希望你能够被更多人看到，你就会因此得到一些机会。

例子二：DISC社群的组织者，不是全职员工。

DISC社群的所有组织者，都不是全职员工，0收入，0返利。为什么大家愿意免费为社群工作？

很简单，我向大家展示了我如何给大家提供情绪价值并获得机会。这让大家意识到，他们也可以像我一样，通过为社群提供情绪价值来获得机会。

我为大家提供情绪价值，往往体现在以下细节上。

### 有些物料我一定要亲自准备

比如，我会亲自设计班服；发给大家的笔和本子，我也要亲自挑选。这样做，是为了避免采购者出于为我节省成本的考虑，购买质量不够好的物料。

### 专属感比成本更重要

为了让大家感受到重视，我设计的每一期班服都与众不同。这样做，确实会带来成本的提升，但其中蕴含的情绪价值，会让大家有专属感，这比节约成本更重要。

### 给每个学员"To 签"

在线下小场培训课的 DISC 学员，我会给他们"To 签"，会写一句话——感恩生命中遇到你，但我并没有把"To 签"当成一个行政事项。我心里真的在念，某某，感恩生命中遇到你。

### 在主 IP 场子，不抢人风头

我现在帮别人做合集，一定会为主 IP 提供更大的舞台，我只做好协助工作。即使合集的主 IP 不太在意这件事情，我也不会比他做得更多，否则我很容易把他的粉丝吸引走。

### 例子三：聪聪、家进在社群赚回樊登读书代理费。

加入我们的 DISC 之前，聪聪是一个程序员，每天工作都很辛苦。

她和家进进入 DISC 之后，既是 DISC 的组织者，又是樊登读书的代理。当时，他们做了一场双十一的发售活动，一下子就把 20 万元的代理费赚了回来。

这样的事情，在 DISC 社群很普遍。大家加入的时候，都没想过要挣钱，但关系维护好了，情绪价值提供到位了，自然而然就会互相托举、互相赋能。

## 提供情绪价值的两个关键点

当然，在提供情绪价值时，也会有一些人做出错误的举动。以下两点，一定要多加注意。

● **不做老好人**

某种程度上，提供情绪价值的人，应该是"自私"的人。他会先照顾好自己，再通过照顾好他人，满足"更好地照顾自己"的内在需求。

他的内在需求，有一部分是对别人和世界有价值。他的价值，体现在可以照顾别人、激励别人、引领别人上。

而老好人，以照顾他人为终点，自己有没有被照顾好并不重要。这就是说，从内在看，老好人的最终目的，与提供情绪价值的终极需求是不相符的。

此种情况下，老好人的内在难免产生割裂感。想要获得财富，难免有些痴人说梦的意味。

从外在结果看的话，要厘清"一时"跟"一直"的关系。有些老好人，出于自卑的心理，往往只会点头哈腰，满足别人的所有需求。这样做，也许一时能拿到结果，但是，从长期来看，这种结果是不可持续的。

因为他们的内心，没有办法支持他们持续去做，一旦他们开始抱怨，就容易对弱于自己或者地位低于自己的人发泄负面的情绪，出现所谓的"踢猫效应"。

比如，他们在公司里被老板责备了，回家之后，很可能会踢猫、骂小孩。这种行为的背后，是一种受害者心理。这种负面情绪进一步蔓延，可能会导致他们工作效率下降，事业受挫，甚至收入下降。

然而，那些能够真正发自内心地给别人提供情绪价值的人，是享受这个过程的。他们能从老板的责备中，发现自己的不足，提升自己的业务能力。老板的"责备"，对他们来说是一种愉悦的体验。最终的结果是，他们既享受了过程，也赚到了钱。

● **处理好内在匮乏**

内在匮乏的人，不愿付出，只想索取，或者是内心有不可告人的目的。

他们需要给自己更多的安全感，认为只有对自己好，才能够对别人好。

他们即便帮助别人，也像是一种委曲求全的做法，并非真心实意地为别人提供情绪价值。在这种心理状态下，他们感受不到付出带来的快乐，内心的充盈感必然不足。

当他们发自内心地感受到别人的需求，并愿意真心付出，在爱自己有余力的基础上，再去爱别人，就是快乐的，就能消除一部分内在的匮乏。

之前，我并没意识到做 DISC 社群对我有何价值。现在，我能深刻地体会到，DISC 改变了我的底层认知。而且，我总结出了三条规律，只要照做，每个人都会有所改变。

### 匮乏是一种状态

某个人可能一时出现匮乏的状态，但这并不意味着他就是一个匮乏的人。人的状态和人本身要分清。每个人都有处在匮乏状态的时候，区别在于多一点还是少一点。

所以，请不要给自己贴上"匮乏"的标签。匮乏既不是优点，也不是缺点，只是一个状态，并且这个状态是可以改变的。

此外，很多时候匮乏不一定是坏事，它可以保护你自己。在资源有限的情况下，你会优先考虑确保自己活着。所谓"留得青山在，不怕没柴烧"，能坚持下来，就有变好的可能。

**有选择会更好**

感觉身处匮乏的状态时，可以做个列表。

先列出来，哪些情况下不匮乏。比如，对父母不匮乏，对孩子不匮乏，对有确定性的收益不匮乏，对大家都能做到的事情不匮乏。

不匮乏的部分搞清楚了，匮乏的部分也就大致找到了。再根据不同的事情、不同的环境，有意识地训练自己找到不匮乏的状态。

做列表的目的，是要让自己意识到，有选项可供选择。**匮乏不可怕，该匮乏时就匮乏。**

**有能力、有方法，让自己不匮乏，未来就有希望**

当然，身体的最佳状态，不是不匮乏，而是你想匮乏时就匮乏，想不匮乏时就不匮乏。

选择匮乏或是不匮乏，是个人的态度。选择不同，代表着他所处的阶段不同，他的关注点不同。

所以，我更希望做的事，不是给大家一个答案，而是希望大家自己去思考。如果它是一个有效的问题，你会给出什么样的答案，做出什么样的选择？

而且，任何时候，都要意识到自己有好多选择。之所以说"有好多选择"，是因为我相信——**好选择来自好多选择。**

如果你想对选择有更多的了解，不妨问问自己：

**有两个选项在你面前，第一个，你自己非常有钱。第二个，你有非常多有钱的朋友。你会选择哪一个？**

## ·让每个人都被看见·

每一个生命，无论选择什么样的生活方式，无论坚持什么样的价值观，都期待被看见。问题在于，看见的能力是内在生长的东西。想看见别人，或是被别人看见，都需要内在的成长。这种成长，不仅需要从外界输入，也需要向外界输出。两者互相作用，知识才能内化，并逐渐形成自己的认知。

### 每个人都渴望被看见

在我们的社群中，"让每个人都被看见"不是简单的口号，想方设法让它落地，是我们一直追寻的目标。

每次课，我们都会邀请学员，就学到的东西做输出。这个过程中，我们会为他配一个学习委员，在群里为他加油、做海报。在分享的那一天，让他成为"国王"或"王后"，给他做同步传播，让更多的人看到。当学员最终的表现得到别人的正反馈，他就会更重视此类的分享。同时，他会更好地表现自己，从而让更多人想跟他联结，形成良性的内循环。

具体的操作中，会有循序渐进的呈现过程：

第一次呈现，邀请他的好朋友参与，他分享之后，我们做点评。

第二次呈现，是在安全场域，一般在社群内部，参与的都是同学。即便他讲得很差，同学们也会为他鼓掌，以此来确保他得到正向的反馈，来积累足够的信心。

第三次呈现，是把分享场域从内部转到外部，十几个 DISC 社群的人和他一起，出去"打群架"。这相当于给他配了一把安全锁，给他足够的安全感，让他逐渐从一个被看见的人，变成一个可以出去"打群架"的人。

经历了这个过程的学员，都会学会这样一套方法论：说给你听，做给你看，看看你做得怎么样——先给学员解决的方案，再手把手带着他们操作，最后对他们进行客观的点评。

运用这套方法论，他们会很清楚应该怎么呈现自己的价值，也知道怎么出去"打群架"。

## 被注意，被重视，被放大

在带领学员成长的过程中，我们一直在追求，也一直在做的，是让他们"被注意，被重视，被放大"。不只让大咖更具影响力，也要让每个人都拥有成为大咖的机会。

### ● 被注意

这个层面，是让学员意识到他们被别人注意到了。比如，某一天我给学员的朋友圈点了个赞，或者是有个大咖给学员点了个赞。

### ● 被重视

这个层面，我会让学员感受到被重视。比如，我从来都把学员称作"学长（姐）"。我们的群，一直叫"李海峰和他的同学们"。我要让他们知道，我们从不是师生关系，而是一起学习、一起进步的同学。

● **被放大**

到了这个层面，就是借大咖来托举学员。一场活动中，如果有大咖，我会在照顾好大咖的情况下，尽量给学员更多的展示机会，帮他们放大价值，而我从来不会占据C位。

能做到这三个层面的托举，源自我们真心去看待每一位学员，真正关心他们的成长。

具体而言，我们会努力做到以下三点。

● **尊重每一个人**

每个人都有自己的思维模式和行为方式，做自己才是最舒服的状态。我们会尊重他们，而不会以主观的意识去改变他们。

比如，我们为老师做合集的时候，都会要求负责的编辑，能不改的尽量不改，尊重老师的表达方式和语言习惯，让他们感觉舒服，才能最大化地呈现老师的特点。

● **相信每个学员都与众不同**

物理学上有个定律，力的作用是相互的。把它用在"看见别人"上同样适用。

我会向身边的人传递信息：你在我眼里，与世界上的任何人都不同。对方能接收到这个信息，说明他也有类似的感觉，这就是所谓的"同频"。而且我相信，我愿意看见别人，别人自然也愿意看见我。

● **找不出不同，就用不一样的方式对待他**

如果真的找不出不同，我们也会用跟对待其他人不一样的方式对待他。

具体怎么不一样,就因人而异,需要你用心去找。这时,就不再是主体对客体的观察,而是心灵和心灵的碰撞。真正重要的东西,用眼睛是看不到的,要用心去看。

## 更好地被别人看见

在我们的社群里,大家都在这样做:先看见别人,然后更好地被别人看见。

我做 DISC 社群的时候,从不希望成为主角,或是掌控别人,而是一直扮演"支持者"的角色。套用我很喜欢的《小王子》中的角色,我既不是小王子的玫瑰,也不是玫瑰的小王子,我只是那只狐狸,有缘与小王子相伴,却没有彼此厮守。

学员们来上课,只是因为遇到一些问题,甚至陷入了泥淖。我能起到的作用,就是一根拐杖。当他们解决了问题,走出了泥淖,就可以把我扔掉。或者说,我只是他们过河的桥,过了河千万别想把桥带走,而要把桥留在原地。

我们的人生中,都有更重要的事情要做。我们彼此做自己,在各自合适的情况下,再产生化学反应,并不强求在一起。

这背后的底层逻辑,其实是"如己所是"。我们所做的一切,都是基于做自己。有余力的话,再去帮助别人,但绝不能因为要帮助别人,而失去自己。

当每个人都做自己的时候,你就会知道,看见有多重要。

在我们的社群里,一个人是不是被看见是有衡量标准的,那就是离开的时候比加入的时候更好。

在这里,"更好"包含两个维度:一是能力得到了提升,二是内心能量变得更强。

加入我们社群之前,大部分人可能都没被"大咖"加持过,我们希望给他们创造这样的体验,让这种体验成为他们内在的财富之一,让他们带着力量和安全感"行走江湖"。甚至,我们会给他们"DISC社群联合创始人"的称号,让他们知道,人生路上并不孤单,只要振臂一呼,至少我李海峰还在。

## 投射不可避免

我们做这一系列动作,目的是满足学员的心理需求。

在心理学上,有一个"投射"的概念。每个人都会有投射的对象,这一点不可避免。比如,你看到某些人,就会心生欢喜;看到某些人,则会感觉厌烦。这就是投射,你把自己的好恶投射到了别人身上。

可是,如果你想提升看见别人的能力,就必须减少投射对你的影响。假如你喜欢他,就试着找出他的缺点;假如你不喜欢他,也要试着找出他的优点。

如果你有全面看待一个人的能力,能够看见他内在的东西,而不是局限于对方的行为带来的结果,并且能从结果还原到行为,再从行为还原到他这个人,那你对他的认知会更全面、更准确。

人,毕竟是具有多面性的。与别人互动时,一定要回归到他自身的特点上。如果你能写下你最喜欢的人的缺点,以及你最不喜欢的人的优点,那么你极有可能是一个能够看见别人的人。

最后,你不妨问问自己:

对于他人,你有没有注意、重视、看见过?

如果还没有的话,那就赶紧行动起来吧!

## ·只有邀请，没有要求·

人生的所有行动，都离不开动力的支撑。

一般来说，想获得动力，有两种常见的途径：

● **外部**

当外部环境给一个人带来痛苦时，他往往有两个选择——或是改变，或是逃避。想要改变，减少痛苦，就会产生动力；选择逃避痛苦，内在动力自然不会太强。

● **内部**

人有追求快乐和幸福的需求，它是与生俱来的，会促使人产生持续性的动力。

正是因为看到了外部和内部这两种不同的途径，看到了人性的需求和不同的呈现方式，我们才会说：“只有邀请，没有要求。"因为要求是命令，邀请是尊重。

单独看这个句子，很容易掉入"我爱怎样就怎样"的误区。而且，如果看到周围的人都很好，就会从内心生发出一种"别人可以做到，我为什么做不到"的感觉。类似的话，我们社群里也出现过："人生最遗憾的不是你做不到，而是你本可以。"

邀请，是让人看到可能性，内在生发出想象力，可以激发人的内在力量。它不是什么都不做，而是让人看到可能性，让人有能力激发自己的内在，变得更好。所以，我们每次跟别人说"按照自己的节奏做事"时，都会附带一句，不要放低自己的标准。

至于要求，是用外力施压，不管你理解不理解，都要去做，或者基于恐惧，必须有所行动。逼人做事情，虽然短暂地给了他外部压力，却不会持续太久。而增加内在动力，让人学会为自己负责，他的内在动力会强劲持久。

在我们社群里，学员们会经常听到另外一句话："只模仿榜样，不崇拜偶像。"模仿榜样和崇拜偶像有所不同，区别在于：

崇拜偶像，是因为他们做了普通人做不到的事情；而模仿榜样，是普通人如果做也可以做到。大咖来到社群，我们尊重、敬佩他取得的成绩，向他竖大拇指，但我们不会陷入粉丝的情绪和状态中。

当然，如果有人不愿意努力，不想承担痛苦和责任，那也没关系，做其他方面的努力就行了。

我们尊重每个人，因为生命永远不止一种选择。

## 给人身份认同，让他感觉被尊重

有的人不希望被照顾，有的人则渴望被照顾，渴望得到身份认同。对后一类人，如果给他身份认同，他会觉得自己被尊重，很开心。

这里面，有三个核心点：

一、我们让他有选择，但不要求他一定接受

比如，大家一起拍照的时候，我跟所有人讲，咱们拍的照片，可以用，也可以不用。我给大家"DISC社群联合创始人"的身份，但不期待大家出门时一定挂上这个身份。我给大家这样的身份，是想告诉大家，成为 DISC 社群联合创始人，会有整个社群给你做加持。

二、有的场合，不要亮身份

我们的毕业生，如果参加某些行业内的评选，只要亮出 DISC 社群的身份，就可以获得很多人的支持，出现在榜单上。可是，DISC 社群的人都参与的话，对其他人不公平，会导致系统失衡。我们不是主办方，却像拥有主场优势一样，几乎占据排行榜，这会给各方都带来压力或麻烦。因此不建议这样做。

三、让它的价值增加，以后用它的概率也会增加

也许此时你对外的头衔不愿写"DISC 社群联合创始人"，但当 DISC 社群做得棒，成为业内翘楚以后，你自然就会加上这个头衔。

当然，关于身份认同，依然是"仁者见仁，智者见智"之事。我见过很多成功人士，也佩服他们所取得的成绩、所做过的事，可我对自己的定位，永远不是一个了不起的人，也没多了不起。我只是来人间一趟，体验一下生活，顺带帮帮能帮助的人。

## 不要求结果，就不会要求人

我对自己的清晰定位，使得我对自己要求不高，对别人要求也不高。

因为我知道，依大部分人的能力跟天赋，根本做不到 100 分。既然如此，不如放过别人，也放过自己。

而且，我很懂得感恩，老天给我什么，我都接着。老天给我一个"鸡娃"的太太，太好了，我配合她。孩子长大后像谁，从事什么工作，我也没有什么要求。

要求的本质，其实不是要求人，而是要求事情的结果。我不要求结果，接受一切的发生，所以也不要求人。

对此，我的理解是：自己做到及格线，其他人是加分项。

很多事情，别人不做，就是我自己做。我人生的逻辑是自给自足，做一件事情，我会做到基本标准。就像是考试只要 60 分，过关就行，我没有做到 80 分或者 100 分的执着。60 分不影响事情正常进行，任何人来，都是加分项。所以，他们来与不来，对这件事的影响都没有那么大。

### ● 选择最合适的人

我不强求别人加入，可是，一旦有很多人想加入，我就会试着找到最合适的那个人。我们一起做事，是要尽可能让大家都变得更好，能发挥最大价值，这样才能实现双赢的结果。

这里，我想说，不要做最好的自己，要最好地做自己。

这句话，似乎是在讲大道理。归根结底，是要接纳自己、做自己。

我女儿小的时候，很讨厌别人讲大道理。她妈妈对她管得很严，我会帮她释放一点压力。

我说，郡郡，咱们玩个接龙游戏，人生不如意事十之八九，接下来是什么？

她说，我不知道。

我说，那咱们做个算术题，十减掉八九还剩多少？

她说，一二。

我说，人生不如意事十之八九，常想一二。对我来说，你、哥哥、妈妈，就是我的一二，只要有你们，我的基本盘就稳了。

我女儿把我的话复述给她妈妈，说，以后我会"人生不如意事十之八九，常想一二"，她妈妈很满意，觉得女儿很棒。

对女儿说的话，是我内心真实的想法。我对世界只有感激，没有要求。因为有的时候，我对自己的要求，也是对世界的要求。

反过来，当我对世界有要求，世界就会对我提出更多要求。而我对自己没有要求，感恩世界给我的已经足够了，再给我的都是加分项，我反而能拥有更强的能力，能更轻松地生活。

## 做好自己，才能赢得信任

对人、对事、对世界，我的态度一直是相信和接受，当下就是最好的安排。当然，这种相信，并不是一成不变的。

### 相信是动态变化的

有人把相信当成是静态的，觉得他答应了就一定能做到。然后，一直强调相信的重要性。但在我看来，这是一种不负责任的行为。过分相信以往的经验和判断，会失去对事情的掌控力。

● **设置相信的底线**

"相信"是动态的，其中，人品、能力、态度能得到对方满意与认可是基础要求。有了这些基础，在过程中如果有一些新的要求，可以提出来，频繁沟通，最终设置一个相信的底线。这样，双方都会更主动，也不会有那么多抱怨。无论最终结果如何，双方都能接受。

● **做我们该做的，看到更多的善意**

"相信"这个词，只是看起来有力量，核心还是得自己靠谱。合作过程中，先保证自己做到，是更重要的。我们要思考怎么跟对方进行匹配，而不是简单按照对方或双方约定的事项照本宣科地去做。带着这样的心态，不仅做不好事情，反而会让双方都产生很多抱怨。

合作或者不合作，是双方共同的选择。做好自己的事情，相信对方也会做好他的事情，静待花开就好。这种态度，也体现在我们常说的话"只有邀请，没有要求"中。

在社群中，我们会设置一个岗位来管理社群中的活动，这个岗位我们称之为"班主任"。比如，只要有人想当班主任，我们就会对外宣布"这个班会开始"，然后，就会出现各种情况。比较极端的情况是，有的班主任只在申请那一刻出现，后面就撒手不管了。有的负责组织的班主任，竟然没有出现在现场。

在其他社群中，出现上述情况，活动可能就要停止，可我们几乎不受影响。这跟我们这个系统的流程有关系，某个人只要申请当班主任，我们就会对全社群发布，发布的时候，会建立一个"学长（姐）助理群"。他确实是班主任，但我们不会全靠他一个人。

在某种程度上，只要班主任站出来发出召唤，他的使命就已经完成了。接下来，我会召集更多的人参与进来，不会让他觉得只有他在努力，也不会把所有的"相信"都寄托在班主任一个人身上。

● **愉快地接受任何结果**

如果你已经动态地看到了很多事物的发展情况，也做到了"自己靠谱，对别人尽量争取"，可结果依然难以让人满意，那也没关系，坦然接受，自己兜底就好。

能够自己兜底，你的力量会变得更强大。如果你连自己兜底的准备都没做好，那你的能力还需要继续提高。

## 不相信别人，阻碍在哪里？

也有人很少相信别人，甚至完全不相信别人。信任的阻碍在哪里？想提升信任度，往往要走出以下三个误区。

误区一，总是依赖别人。

人都有向善之心，愿意提供帮助，却不喜欢被别人赖上。

如果你总是依赖别人，事事都让别人帮忙，只凭一句"我相信你"，就把责任全往别人身上推，他会觉得你是在依赖他，甚至觉得你是个累赘。这种情况下，彼此之间是无法产生真正的信任的。

如果你做到 60 分，再去寻求帮助，别人就是来给你加分的。一旦你不依赖他，他的心门自然会敞开，慢慢对你产生真正的信任。

误区二，不说自己的真正需求。

有的时候，别人不帮你，不是因为不信任，而是因为不知道怎么帮。

每个人都有自己擅长的部分，也都有自己的知识盲区。你需要的帮助，也许恰好不是对方所擅长的，他即便想帮也无从下手。此时，你要主动告诉对方，你需要哪方面的帮助。如果藏着掖着，对方感受不到你的真诚，必然无法对你产生信任。

误区三，隐藏自己的真实感受。

对方有意愿，也有能力帮你时，如果你不说出自己的真正需求，对方就可能用自己的方式帮你。他帮你的方式，如果不适合你，你不愿意接受，就一定要把自己的真实感受表达出来，多和他沟通。比如，老板给你安排了工作，设定了期限，可你觉得完成不了，就可以跟老板商讨解决的办法。如果你不说，老板就会用他自己设定的时间和任务量来要求你。

## 赢得信任的四个层次

在某种程度上,如果把"彼此信任"当成一个局,那么实力相当才能上谈判桌。你全靠别人成就,不妨老老实实承认:

你得相信别人,你得依赖别人。

既然都这样了,就赶紧扔掉你那廉价的自尊心。否则,你靠别人拿到了结果,还不断说"我不相信你",这是自欺欺人。

在我们的 DISC 社群里,相信就是相信。大家彼此成就,关注的是如何赢得信任。还拿"在社群里当班主任"这件事来说,我们会提供四个成长的层次。

● 给方法,给技能

在社群里,我们做得有冲击力的部分,是理念;落地的部分,是方法。不管是谁,只要他来当一次班主任,就知道用怎样的方式把整个社群调动起来。按照步骤,当完一次班主任之后,他的能力会提升、人脉会拓展,他的信誉和口碑,尤其是他在 DISC 社群里的信誉度,会快速提升。

● 给感受,给信心

他第一次做班主任,一定有很多不足,但他一定有需求。基于这一点,我们跟他深入沟通之后,会让他写个申请书,以此进行内在的激发。

申请书的内容包括以下几项:

写出 10 个要做班主任的理由

这是用穷举的方式,帮他挖到真正的需求。

写出 5 个愿意给他做背书的班主任

一般来说,他只要帮助过别人,别人就愿意在他做班主任时来支持他。

写明相应的时间节点

这样我们就知道什么时候应该关心他,什么时候应该关注事情的进度。

● **给改变,给机遇**

在这个层次,如果他做得不够尽力,我们有时要表现出恰当的愤怒。

比如,我们会直接问想做班主任的人:

你怎么到现在还没建群?

时间节点都到了,你怎么还没做完相应的工作?

之前的工作做得这么充分,需求有了,5个做背书的班主任也找到了,你现在不做了,不会愧疚后悔吗?

这样的愤怒,会让他意识到,他这个角色在这件事上的重要性,这是给他变成更好的自己的机会。整个过程中,我们一直向他传递的信息是:

这是大家的事情,更是你的事情。我们所有人,都是通过成就这件事来成就你。

● **给身份,给转化**

一个人的头衔,很具说服力,这是赢得信任的重要背书。

聪聪有个闺密,身份普通,阅历有限,但她的申请书上有一段话很打动我:

我不能保证,我能招到多少人,但我可以保证,我会继续保持为社群努力付出的姿态。我会把这种姿态传递给更多人，它是我这辈子的宝贵财富。

　　她能招到多少人，对我们来说并不重要，因为我们只想找到同频的人。真正重要的是，她愿意为社群付出，这与我们的价值观是相符的。

　　我们的接纳，大概率会让她感到很自豪，因为她融入了一个新的群体。而且，在不同的群体中，她能收获不同的能量。

　　接纳背后的底层逻辑，就是要理解什么是相信。相信他人的本质，就是相信自己，就是坚定地做自己。我做了足够的努力，有了处理这个问题的能力，就能激发他人。

　　最后，我希望大家问问自己：

　　你到底是相信别人，还是在依赖别人？

## · 你做的一切都是加分项 ·

我的身边，总有些人不仅不相信别人，也不相信自己。他们遇事时，往往悲观绝望，失去向上和向前的动力。更遗憾的是，他们明明知道每件事都有正反两面，明明可以选择让自己开心的正面，却偏偏选择让自己不开心的反面，从而深陷负面情绪之中。

而我，即便已然经历人生的黑暗，依然选择心向光明。我会正面看待问题，但不会只看正面，而是正面和反面都看到之后，再去选择正面。

任何事情，我都会看向正面，都会遵从本心。能做到这一点，我要感谢我太太，是她给了我一个很安定的内核。她告诉我，咱们积累的财富，足以保证后半生的生活质量。儿孙自有儿孙福，咱们不用为他们担忧过多。

内心安定了，即便我犯了错，依然可以保持乐观。

负面思维来自哪里？

有些人没犯错，是因为他们没有机会犯错。他们没有经历过考验，不知道如何应对。所以他们做错事以后，会无意识地把事情越想越坏，在负面情绪中越陷越深。

总结起来，他们的负面思维，主要来自三个方面。

第一个方面，认为自己这个人不行。

他们缺乏安全感，一旦事情出现偏差，就会觉得是自己这个人不行。

我们社群对人的要求极低。就像班主任，即便只做了很少的动作，只要人在那里，就是加分项。你哪怕是看客，也让我们的场子更热闹了。

第二个方面，设想自己做错了事。

除了关注自己这个人，他们有时也会观察自己的行为。

事情有所偏差时，就会与自己的行为联系起来，回想自己哪里可能做错了。越是觉得自己做错了，越会胡思乱想，越容易陷入负面情绪中。

其实，对我们来说，只要行为是基于真心的，不违背主流价值观，那就是可行的。

第三个方面，把结果等同于人和事。

当面对一个不理想的结果时，大部分人惯于否定指责，不愿意承担责任，很可能简单地做"等同"，导致他不敢承认，或是不愿意面对。他认为，结果不好就代表他这个人不好，或是他的行为不好——他的脑海里，只有这样简单的逻辑链条。这种逻辑就必然导致这样的情形：为了避免承担结果，他干脆不承认。

曾有小伙伴说，在 DISC 社群里才能真正地长大。很多人年龄大了，思想却不成熟，是因为他们所在的教育环境太过单一，直接把结果跟人对应起来。比如，在一些传统的教育模式中，成绩和努力之间是可以画等号的。可如今，大家更愿意接受的是，努力学习和取得好成绩，完全是两码事。

像我太太，虽然也很"鸡娃"，但她现在十分明白：每个人天赋不同，在某个领域天赋不足的人，哪怕投入 100% 的心力，也不一定能拿到好结果。于是，她不止关注孩子遇到错题时要不要纠正，或者要不要在重要的事情上多分配一点时间，更多地去关注孩子的学习态度。她时不时地跟孩子说，考得不好没关系，可你如果撒谎，妈妈绝对不能接受。

这种教育方式的变化，对孩子产生了积极的影响。我家孩子会主动承认他哪里没有做好，或为什么考得不好。我们在创造一个足够安全的环境，让他把行为跟结果分开，让他去反思、去复盘、去改进。

我们一直跟他讲，结果不等于行为，行为不等于人。

### 正反馈与正面激励

我们的学长（姐），在协助其他新同学的时候，往往会注意及时给出正反馈，以及进行正向思维的引导。

- **给学员安全感，坚守底线就不会减分**

我们尽量正面地去理解学员的意图，让他知道，他是正向的。他什么事都不做也可以，只要坚守底线就不会减分。

得到这样的肯定，学员内心的安全感会更足，会发自内心地去做事，去成长。

- **给学员一个方向**

很多学员无法形成正向思维，是因为没有方向和目标，无法在实现目标的过程中，及时纠正自己。我们通过发掘学员的需求，给他指明正确的方向，能帮助他培养正向思维。

- **给学员一个路径，协助校验最后的结果**

从理论上说，既然能起到加分的作用，那么结果一定是好的。反推回来，如果结果不好，路径又没错，那一定是方法出了问题。给学员一个复盘的途径，用于协助校验最后的结果，当他拿到的结果不理想时，他会知道如何调整和改进。

我们每天的课程结束后，基本上都会有助推复盘，让大家聊一聊自己的感受是什么，自己做了什么，用什么方式来加分。此时，不同的加分方式都是被允许的，都是具有启发价值的。

### 要卷卷得赢，要躺躺得平

很多人看到我们社群成员的状态，都很诧异。他们觉得我们很"佛系"，每个人似乎都处于一种"躺平"的状态。

我们确实有这个能力，要卷卷得赢，要躺躺得平。只不过，我们选择不这么做。这种"选择"是有力量的，它不是阿Q式的自我安慰，而是沉思之后的风平浪静。

能做到这种状态，是因为我们一直遵循三个核心点。

**从心底接受**

DISC的核心理念，是我们做所有事情的根本所在。

无论处于什么状态，无论是好是坏，我们都会从心底接受它。

卷或躺，都不过是一种选择。我们关注的不是状态，而是拥有达成这种状态的能力。

**看到很多选项**

孔子讲，"友直、友谅、友多闻"。意思是说，要与正直的人交朋友，要与诚信的人交朋友，要与知识广博的人交朋友，这三类朋友都是有益的。朋友多，思路就多，看东西就会更全面。

在孔子生活的那个年代，信息相对闭塞，朋友和书，是获取信息和开阔眼界的两个重要渠道。现如今，信息量大大增加，获取信息的途径远比之前更丰富、更便捷。想要看到更多选项，可用的渠道远超过往。

渠道日趋多样化，我们必须时刻注意冲破信息茧房。

比如，很多人喜欢加入一些工作领域的群，而且只有那么一两个群。尽管这样能节省精力，可是群里人的眼界和认知，都很相似，能接收的信息量十分有限，很难看到更多选项。

我有 DISC 的社群，也加入了投资圈的群，还有书香学舍这样的出书群。在不同的群里，我能接触不同类型、不同领域的人，他们的观点给我提供了新的视角。

不仅是各种各样的群，手机上的各种 App，也会给我更多的选项。

比如，我点外卖，会用美团的新功能"拼好饭"，十几块钱一份，很便宜。

家进知道后的第一反应，是无法接受。在他的意识里，这么便宜的饭，不是隔夜饭，就是食材有问题。

我对他说，买这样的饭，是对智慧的考验。我的做法是：

第一，选知名品牌，吃到有问题的饭菜的可能性会小一些。

第二，我一般会点两份饭。如果饭菜真的坏了，就扔掉它。如果饭菜没有问题，我会和别人一起分享，这样可以为别人省钱。

再比如，给多个人点奶茶的时候，以前我是一次性下单。后来，我觉得外卖小哥很辛苦，于是每次点 5 杯为一单，这样外卖小哥送一次，可以拿好几单的钱。我花的钱是差不多的，可是外卖小哥可以多拿钱。

看到这些新的选项，不仅让我心生欢喜，也让我跟很多人产生了共情。

我身边的很多年轻人都觉得奇怪。他们问我，海峰老师，您为什么能跟我们打成一片，而且比我们还会省钱？

我笑笑说，我很享受"发现更多选项"的过程，其中的新奇感让我快乐。

更全面地看到

看到更多选项的时候，还要告诉自己，无论看到好的，还是不好的，都让自己先回到客观位置。之所以好，是因为用到位了；之所以不好，可能是因为用过度了。比如，一个人很节俭，用得好，是他对成本很关注；用得不好，是他很小气。再比如，一个人做事很严谨，用得好，是对细节比较在意；用得不好，就是苛求别人。

在这方面，要做一些刻意的练习，不管看到好的还是不好的，都要求自己更全面地看到。有了看全面的能力，才有能力选择。

尝试看全面时，需要注意的是：

没办法看全面，就让自己多一些选项。

我对"全面"的定义是，给自己更多的选择和视角，不要让自己只有一条路可走。我一直相信，好答案来自好多答案。

只有一条路的话，慢慢会产生路径依赖。只有一个圈子，你慢慢就会进入信息茧房。我会让自己时刻保持新鲜，时刻做好接触新朋友的准备。

年轻和年龄没有绝对的关系。

DISC36期有一个学员，每次上课都意气风发，给人带来满满的能量。他在自我介绍的结尾说，不要羡慕那些比你牛的人，他们只是比你老。

后来，我们聊天。

他说：海峰老师，我那句话不是针对您。

我说：放心，我不会受伤。

我看到的是，现在很多"90后"在疯狂老去，而"70后"却在疯狂逆生长。年轻跟年龄没有绝对的关系。

不要局限于一条路，也不要被年龄所限制，就有可能更全面地看到。

在帮助学员看到更多可能性这件事上，DISC社群是用复训机制来保障的。所谓复训机制，不是重新学习一些知识，而是把学长（姐）赶到外面去，带他们做团队演练，探讨问题，让他们去看，别人学完DISC之后，做到了什么，有什么改变，或者发现了什么商机。

我们的核心是用同学激发同学。让大家看到实现可能性的方法，就是提供足够多优秀的样本。

我们甚至觉得，一个人只有看过足够多、足够好的样本，才能充分理解什么是理想的生活。

在生活中，你会看到更多的加分项，会发现更多的东西。比如，你看到这个人用他的优秀给世界加分，就会试着去拆解他优秀的点。

你通过对方的加分项，就可以看到对方怎么为世界加分。最后，不妨列出5～10个你最欣赏的对象，写出他们是怎么给世界加分的。

## ・示范的力量，大于说服・

沟通分为两种类型：第一种是交流，第二种是说服。

在职场中，很多人更希望与同事交流，但真实情况是，职场里面，70%以上的行为都是说服。比如，领导给你交代一个任务，他不会交流，只会说服你去做这件事，而且不按照他的要求做不行。

### 说服只跟效率有关，交流与创造有关

我们肯定说服的价值——效率很高。一个以效率为核心导向的企业或团队，一定以说服为基础。

但我们社群以人为本，很看重交流，会把力量花在自己身上，也就是给别人做示范。

《伊索寓言》里有一个小故事，可以阐明说服和示范的不同表现和作用。

一个人穿着衣服走在路上，风和太阳都想让他把衣服脱掉。

风想把这个人的衣服吹掉，于是卖力地吹，可是，越是使劲吹，他裹得越紧。

而太阳的做法，是提高自己的温度。这个人觉得热，自己就把衣服脱掉了。

这个故事里，风代表的是说服，太阳代表的就是示范。

想做示范，而不是说服时，往往有三个重点。

● **创造更多交流的环境**

生而为人，有一个很大的优势，就是具有创造的力量。这种创造，不一定是创造生命，可以是创造概念、创造观点。

我总是希望，自己所在的场，是一个创造的场。身为创造者，在跟别人交流的过程中，更容易完成创造。而说服，只会让自己变成一个行动力更强的人，变成一个效率更高、更快拿到结果的人。因此，我不喜欢演讲、访谈和连麦——这些场景都需要说服，示范能发挥的作用有限。

● **先示范，可能他没变好，但能吸引其他人**

当你每次都是用说服的方式，希望通过别人做成什么事情，就会让自己变得不可控。但用示范的方式时，他做不好没关系。示范完之后，也许你想影响的这个人没有变得更好，但莫名其妙地会吸引另一个愿意被你影响的人。

● **尽量营销，而不是推销**

基于"示范的力量大于说服"，一句新的话衍生出来，就是"尽量营销，而不是推销"，这也是我们之前不喜欢私聊的原因。我们每次发完朋友圈，就不再采取下一步行动。

总之，我认可说服的作用，但会优先示范。因为我在意的是人不是事，是创造而不是效率。当你有的选的时候，你是个创造者，你能够吸引别人，而不会硬要"辐射"别人。

## 激发的基础，是示范

面对做不到的事情，人会有两种状态。

**没方法**

这种状态下，人会陷入批评、指责之中，导致什么都做不了。他的能力有限，不知道该如何处理。如果身陷其中，可以试着释放一下情绪，大声吼出来，给自己解解压。

**有方法**

这种状态下，个人的能力已经达到一定的程度，做事情时会有自己的方法。面对做不到的事情时，也不会慌张，能保持稳定的情绪，按照自己的思路去想办法。

如果对方没方法，我们就要看对方的成熟度，有没有能力。这种状态下，既不批评也不指责，愿意给对方时间，陪着他做。

这里，对方的情况又分为两种。

◆成熟度足够，没有任何不满或抱怨。这类人，他们会自己找方法，有主动性，陪着他们是有结果的。

◆成熟度不够，也没有能力。因为能力跟态度要匹配，你的陪伴才有价值。否则，你只是在自我感动。

如果对方成熟度不够，也没有能力，这种状态下，我们要能够激发对方，给安全感、给方法、给身份、给转化。

我跟华北的馆长秀秀有过一次很深入的谈话，讨论社群开班要开多少期。我们的社群，是分季的——第一季、第二季、第三季，但每一季并不一定是连续开的。我们是拟上市公司，上半年要完成财报，DISC 社群运营是我兼职做的。每年 5 到 6 月份，我的精力都要放在公司的主业上。这期间，开班的事情必须暂停。何时开启，也要依实际情况而定。因此，我们从不承诺下次开班或者下一季开启的时间，也不保证每一季开几次班。

不规律的开班时间，给招生带来了一些影响，但是，我们并不看重生员的数量。我们早就达成了共识——开课的目的，不是招多少人，有多少营业额，而是激发了多少人。

激发的基础是示范。我没有尝过你受的苦，就不会轻易叫你原谅。有这样一个小故事，很能说明这个问题。

有一个小孩子爱吃糖，有了蛀牙。妈妈带着孩子找到甘地，希望他给孩子一点建议。

甘地说，你们一个月之后再来。

一个月之后，妈妈又带孩子去找甘地。这一次，甘地给了小朋友建议。

妈妈觉得很奇怪，问甘地，为什么上一次不给建议？

甘地说，我不知道戒糖有多难，就建议他戒糖，这不奇怪吗？这一个月，我亲身感受后，才能给他建议。如果我都做不到，怎么有资格跟他讲？而且，你要知道，就算我做到了，也不代表他一定可以做到。

发生在甘地身上的这个小故事，体现了他对示范的重视，也说明示范的必要性。可是，在某些情境下，示范也可能是没必要的。比如，地震发生的时候，就没必要示范正确的逃离方式，以免浪费最宝贵的逃生时间。也就是说，做示范的时候，一定要区分场合。这种思维，让我很喜欢"不一定"这三个字。

有时候，社群里有人问我问题，大家都知道我的标准答案——不一定。

比如：

这四个特质的人，哪种最适合做领导？不一定。

要不要好好地去激励别人？不一定。

要不要找到对你好的人？不一定。

"不一定"后面，更重要的是不要停在"不一定"上，而要讲出"为什么不一定"。"不一定"的背后，就是激发，也是"不一定"这三个字的价值所在。

示范，是把力量对内用，而不是对外用。别人会不会因为这句话变得更好不知道，但你一定会因为这句话变得更好。想让别人支持你、跟随你，你自己一定要先做好。关于这一点，我的建议有两点。

第一点，看需求，抓大放小

情绪都是需求，先看一下自己的需求是什么。一个极度缺乏安全感又想掌控别人的人，才会去要求别人。

第二点，把要求别人，变成要求自己

你可以尝试把要求别人的东西，变成先要求一下自己，总是把要求放在别人身上，只会导致各种抱怨。

## 用生命影响生命

当然，想要更好地激发对方，我的建议是：

**用生命影响生命。**

它甚至是一种状态的影响，你自己没有那种状态，一定无法带别人进入到这种状态。如果你对自己都没有要求，就不要对别人有要求。在你需要创造的时候，也不要去要求。

**未来，最宝贵的不是第一，而是唯一。** 唯一的底层逻辑，是创造，独特的东西才具有生命力和价值。

创造和示范的联系在于，示范是往内求，要求自己做到。做内在挖掘，必然带来创造力的增加。一个人活在世上，他身上唯一不可缺少的就是创造力。

在这里，我想说，不要总想在各个领域争第一。要想想，怎么变成唯一，你在哪些维度上是唯一的？

## ·弱关系越多，你的贵人就越多·

我一直认为，成事是一个结果，具有偶然性；而关系是一个过程，具有确定性，很多因素都可控。比如，有没有改善沟通的技巧，有没有让情感加分，都是可控的。

从哲学的角度来讲，缘分很多，关系很多，人脉很多，量变会带来质变，必然会有相应的结果。但如果执着于那个结果，反而容易忽略过程。

凡人畏果，菩萨畏因，贵人惜缘，因加缘才是果。我们作为自己的贵人、别人的贵人、彼此的贵人，要珍惜缘分。因此，我重视关系，在乎关系。

在这个维度上，我建议大家，成事的时候保有一份敬畏心，不要把所有跟你不一样的东西都扼杀掉，而要百花齐放春满园，让世界更加多元化。

你垄断的话，可能暂时会得到很大的利益，但也会损害别人的利益。毕竟，钱全被你赚了，大家很可能想击垮你。

### 理解人性，才能处理好关系

能理解人性的人，往往善于处理关系，事业也会做得更好。

善于处理跟自己的关系，就能成为自己的贵人，你就有了价值；

善于处理跟别人的关系，就能成为别人的贵人，你就有了很大的价值；

善于处理跟厉害的人的关系，跟大佬的关系，有向上社交的能力，就能成为厉害的人的贵人，别人不得不说你有价值；

善于处理跟同行的关系，跟整个行业生态的关系，就可以有更大的话语权，就能成为取得很大成就的人，别人会感恩你的价值。

最后这个层次，在于你成的事够大，你对整个行业都有贡献。

理解人性，是理解关系的前提。不理解人性，就没有办法有意识、有能力地去增进关系。

## 理解人性最大的阻碍

当然，我非常清楚，理解人性并非易事，比较常见的阻碍，有以下三个。

阻碍一：我执，看不到多样性。

这样的人，眼里只有自己，没有别人，一定理解不了人性。原因在于，他觉得全天下的人都跟他一样，才是正常的，他忽略了人的多元性和独特性。

阻碍二：静态地看事物。

这样的人，缺乏成长性思维，认为人是一成不变的。有的时候，他们花太多努力找确定性，而不是做更多的努力增加确定性。这样做会导致他们陷入绝对主义，觉得非黑即白，感觉自己掌握了天机，实际上他们离天机越来越远。

阻碍三：感性地看事物。

真正的善良，是看尽人世黑暗，依然保持纯粹。

很多人会陷入纯感性的陷阱，为了感性的诉求，去做辩论题。比如，我们常常喊，让世界充满爱。这里有个前提，就是我给得了世界爱，否则就会变成：我对世界好，世界应该对我好。

但是从理性的角度分析，人性可善可恶，你自己要做选择，究竟基于恶，还是基于善。基于恶的话，就要思考，在某些环境里，如何降低它出现的可能性；基于善的话，则要思考，在某些环境里，如何增加创造它的可能。

有一个有趣的练习，叫"yes and act"。

意思是，我们要求你说一件事情，然后，我会表达观点，说说你哪些方面是对的，哪些可以做得更好。面对当前的情况，或基于我个人的价值观，我又会选择什么，这就叫理性的感性，而不是纯粹的感性。

其中，会有两种比较极端的情况：一是，假设你一定要害我，我怎么做，才能保护好自己；二是，假设你一定不会害我，我又要怎么做。

做出这两种假设的人，思考到最后，都不可避免地要对人性失望。

前者凡事都把人往坏处想，很可能失去一些真正愿意无偿提供帮助的人，失去很多机会。后者的警惕性有限，很可能会受到伤害，却从不认为是自己的思考方式出了问题，而将问题归咎于遇人不淑。

## 顺着人性做事

很多时候，一个人对人性的理解，会停留在某个人的光环里，看他取得了什么成绩，或者他做过什么事。但事实上，只有通过深入的交流，才能挖掘到他究竟是怎样的人。

《红楼梦》里有一句话，"世事洞明皆学问，人情练达即文章"。我总能看到身边的人，只要经历过事情，多多少少会对人性有一定的了解。只是有些人，并未有意识地把它总结出来，更别提有针对性地做训练了。

想顺着人性做事，我有几个方法，大家不妨一试。

### 由你做的事，向世人展示你是什么样的人

不要说你在做什么事，而是说你通过做这件事，向世人展示了你是一个怎样的人。比如，我们做过一个荐书的活动，推荐者每人要交999元的费用。只是为了推荐一本自己喜欢的书，就要付出这么多真金白银，很多人无法理解。

但是有一个人，他并不是作者，依然很积极地报名参加。在我们看来，他选的书，他投的票，他花的钱，已经证明了他是一个怎样的人。

再比如，DISC社群发展到今天，不是我事先规划好的，也不是属于我个人的。某种程度上，它是由一群人探索出来的。大家慢慢将自己的"基因"融入进来，才使它成为今天这个样子。

身为组织者，我不否认自己的价值，这里面肯定有我的"基因"。但是，我也尊重每个人的价值，他们在这里贡献了自己的智慧，创造了东西。如果有个人用自己创造的东西吸引了一大批人，我也乐见其成。

我常常讲，社群总有一天会散掉，但是很多带着DISC基因的社群，依然会存在。他们从DISC社群汲取了自己需要的养分，不断壮大自己，这让我很开心。

### 问问10年前的自己，愿不愿接受你提供的价值

你可以试想一下，坐着时光穿梭机，回到10年前。问问那时的自己，想不想接受你现在能提供的价值？

我第一次授权讲师课，就问自己：

10年前的李海峰，如果去上一个讲师培训课，他想让老师讲什么。

答案是：

我需要他不只给我 PPT（演示文稿），还要给我一些资料、支持和背书。

做 DISC 社群，我也用了这个方法去思考。现在的我，已经出版了自己的图书，对出书的需求没有那么强烈。可是，回到 10 年前，那时的我，如果能找到一位老师带我出本书，让我跟出版社直接对接，一定能提高效率。

当你把 10 年以前的自己当作客户，分辨出他所想所需，就能从主体和客体两个方面看待自己的价值。你去为他服务，有利于更深刻地理解人性。在我看来，很多人之所以无法理解人性，是因为压根不了解自己，没有真正研究过自己的需求。

● 发出邀请，支持需求

DISC 社群筹备活动的时候，大家共同的思路是：问问谁想来，而不是要谁来。"问问谁想来"，就是在研究人性，思考怎么才能让别人更愿意探索一件事。

因此，我们社群内部的主导角色，基本是筹备者之外的他人。比如，做"友者生存"线下课，是有人跳出来问，能不能做推广。我说我不做，但你做我会全力支持。

通常情况下，很多人不愿意做，选择退出社群。还有少数人会说，我们讨论一下，这几个人就是我要找的人。我把主动权交给别人，反而让我自己置身事外，变得更加客观了。

● 我向"宇宙"下订单

我们社群里，有很多擅长制作 PPT 的人。以前，都是我去找他们。我说，这一期的主题交给你来设计，我会给你提供很多曝光的机会，这是典型的价值交换和说服模型。前几期时，这样做的效果都是不错的。但是，我们开班太多，工作量太大，导致大家的积极性被削弱。此时，我做了两件事：

第一件事，介绍一些付费的客户。客户只要付费，我就同意他们做一个我跟他们在一起的海报，我帮他们站台。

第二件事，先做一个保底的，然后让大家自由发挥。我先设计一个很差的PPT，发到朋友圈或群里。只要有人说，海峰老师，文案要改两句。我就会说，好，接下来文案就由你负责修改了。

我现在做很多事情，都是先做一个很基础的东西，然后把它"扔"出去。谁看到问题，就会提意见。

我之所以这样做，底层逻辑在于两点：

他们在意跟我的关系，看到不足，愿意给我提意见；

他们有足够的安全感，知道给我提意见，不会让我觉得是在冒犯我，又能展示他们的专长。

这样其实是在无形中放大了他们的价值。当我再提出要求，让他们帮我做出修改时，他们大概率不会拒绝。这个过程中，我甚至连邀请都不用做。我向"宇宙"下订单，客户自动就出来了。

最后，大家不妨问问自己：你正在做什么事？你希望让别人知道你是一个什么样的人吗？

# PART 2

# 成事的心法

- 个体成事的必备心态
- 个体成事的关键能力与技巧
- 个体成事如何持续发力
- 个体成事如何找准定位
- 正确认知自我,赚钱不是难事

## ·正确认知自我，赚钱不是难事·

在物质世界里，金钱是绕不开的话题。

有的人把金钱看得很重要，在他们眼里，钱是一串串代表财富的数字。

在我看来，金钱只是一个工具，代表着我们的能力边界，它的背后隐含了各种不同的心理需求与实现自我价值的渴望。

你是一个什么样的人，你想成为怎样一个人，你有什么赚钱的能力，决定了你能赚到多少钱。

我们首先要探索自我，确定自己是怎样一个人。

当你能意识到财富只是人的附加价值，而"成为怎样的人"才应是毕生的追求时，你会更理性地看待金钱，而不会把它的多少当成衡量个人价值的唯一标准。

王阳明认为"心即理，知行合一"，修心才是成事的关键。当我们做人做事，都用心去做，做到极致，钱自然而然也就赚到了。

### 所有的成长，都是认知的成长

当你确定了自己是怎样一个人，内心会有笃定感，你所追求的目标也会变得可控，具有确定感。

如果你仅仅把赚钱当成目标，就会随着自身财富的变化而产生不确定性甚至无力感。

我能产生这样的感悟，经历了四个重要的阶段。

● **第一个阶段：不缺钱不缺爱**

我成长在一个有爱的环境里，从小到大被父母灌输的，不是他们给我多少钱，而是他们有没有把最好的一切给我。

小时候，我父亲是一个技术员，收入有限。我母亲每个月只拿19块钱的工资，直到三十岁，才有了一件自己的毛衣。

尽管生活条件有限，父母却会花钱让我上幼儿园。可以说，我从小就得到了"无条件的爱"，内心充满了富足感。

后来，父亲当了镇长，父母挣的钱变多了，我对财富更加没有匮乏感。钱多钱少，我都无所谓。

大学时，我一年的生活费是1000块钱。我会拿出三分之一，去帮助需要帮助的同学。

有的同学生活条件很差，几乎每天吃咸菜，我会主动借钱给他；有的同学，不舍得花钱买书，我会买两套，送一套给他。我的举手之劳，就能让同学有更好的生活，何乐而不为呢？

我常常和身边的人开玩笑说，假如我身无分文，或者面临绝境，找那些我曾经帮过的人求助，他们多多少少会支持我一些。爱是能回流的，之前付出的，总会在某个瞬间被反馈回来。

我是一个不看重钱的人，却对钱有深刻的理解。对我来讲，钱是照顾别人的能力或工具，是爱别人的基础条件之一。

● **第二个阶段：欠钱不缺爱**

高中进入大学，我是被保送的，并没有像大多数同学一样参加高考。

大学前三年，我的生活一如既往地顺遂。直到大四，我父亲身体出了问题，我的生活才发生了翻天覆地的变化。

整整一年，我都没有上学，陪我父亲在北京、上海等地奔波求医。为了给父亲看病，我们不仅花光了家里所有的钱，还欠下了几十万的债务。

遗憾的是，几经周折之后，父亲依然没能摆脱病魔，撒手人寰。父亲的突然离世，让我的人生有了很大的转折，我也面临着新的选择。

原本的计划，大学毕业之后，我要和表弟一起到德国留学。如今，家里的经济条件已经无法负担我留学的开支，我只能开始工作。在留在江西和到外省打拼之间，我最终选择远走广州。

初到广州，我没钱租房子，只能自己想办法。我先找到在华南理工读研究生的同学，在他的研究生宿舍对付了一年。一年之后，另外一位同学考进了海关，我又跟着他，在海关宿舍找了个蜗居之所。

再后来，我去了上海，也是找到其他同学租的房子，搭个行军床跟他一起住。

那段时间里，欠债的压力，让我更多地关注到钱，但我依然没有对钱的匮乏感。

在我的头脑中，钱永远只是一个工具，而不是目标。有钱我会幸福，没钱我也可能幸福。母亲和我的感情，重要性大过钱。没钱不怕，有爱就行。

我要打很多份工，因为一份工作根本无法养活自己。我在肯德基上过夜班；住过几百块钱一个月的顶楼铁皮房；为了少花两块钱车费，我可以走一个多小时；为了省钱，我在便利店蹲点，买临期的食品；我买一盒素菜，两盒米饭，浇点汤汁，就够吃两顿了。

现在，我留下隐疾——肠胃不好，就是因为经常吃冷饭，甚至吃馊饭导致的。

生活如此艰难，我却从未抱怨。我心里所想的，是怎么才能让妈妈放心，怎么让妈妈觉得被支持。为此，我甚至会向同学借钱，确保每月按时足额寄钱给妈妈，让她放心。

当然，找同学借钱，我不会伤他根本。比如，他赚3000，我只借300。我会多找几个人借，凑够自己需要的钱。他们需要用钱的时候，我就拆东墙补西墙，那些我帮助过的人，总会慷慨解囊。

后来，我在广州给小朋友摆百日宴，一桌的同学席，全部都曾经是我的债主。

### ● 第三个阶段：实现自我价值

生活很难，但只要坚持下去，积累的努力就会让我慢慢实现自我价值。在这个阶段，有几段经历让我印象深刻。

**剩者为王，不下牌桌**

当时，我做着几份工，在信诚人寿的工作让我开始接触到保险行业。这个行业非常强调与人打交道的能力，并且特别重视培训。我就是那个时候，接触到后来给我带来巨大价值的DISC理论。

后来，我从信诚人寿个人事业部，跳槽到平安保险银行事业部，同样是保险公司的外勤，但是从对个人保险，变成和银行对接保险销售。收入变得比较稳定，我也开始能稳定下来做全职。

当时，刚好遇到银行代理保险模式的上升期，分管区域有6个人，其他5位都被挖走，我变成了独苗。公司让我从外勤变成了内勤，并且帮我办理了广州户口。

对于一个外地漂泊来的打工人而言，有了本地户口，就觉得被这个城市接纳了，也觉得自己是有价值的，而且这种价值还被公司认可。那份感恩，直到现在还时不时在我胸口涌起。

广州平安让我成为广州人，我感谢平安一辈子。

### 兴趣好友变职场导师

我对培训工作很有兴趣，参加了很多网上的论坛和他们组织的线下活动，也开始了解社群这种组织形式。

我在培训论坛上，遇到了当时在中兴通讯工作的王昌国老师。中兴通讯成立了专门服务运营商客户的培训机构，在他的推荐下我顺利入职。

昌国老师对我的帮助不止于此，他是真的手把手一页页给我翻 PPT，教我怎么讲。我们也会去外部听优质的课程，然后他会带着我用公司内部案例完成知识的本地化落地。

因为中兴通讯，我有机会给 20 多个省的通信公司，比如移动和联通的中高层授课。这些经历让我在后来成为自由讲师的时候，有足够的背书和底气。

人生很多时候，需要贵人相助。后来，我在公众号专门写了篇文章，题目是：《好的老师，影响你不止十年》。第一个主角，就是王昌国老师。

### 讲师不能只会讲课

身为讲师，需要不断学习成长。第一次上林伟贤老师的课，我觉得非常震撼。

当时，我上的课程是他的 BSE 商学院，在马来西亚开课，每个人收费 8 万元。

一期班 250 人，算下来，一场就是 2000 万。而我当时是自由讲师，和各机构合作，一个月讲 20 多天课，最多一年也才 200 万。我看到了讲师收入的"天花板"。

那时，我新婚不久，在太太的鼓励和陪伴下，我去和林伟贤老师聊，希望跟着他学习，成为他手下的讲师。

林老师说，可以先从DISC开始。他代理了DISC测评软件，它是林老师核心课程的"成本部门"。如果我加入，事业部可以变成独立的公司，我要做的是让这个成本变成盈利。

在太太的支持下，我从广州来到上海。公司刚组建时，只有一个人，就是我后来的好搭档郭强老师。我进入公司后，开始学习营销，学习运营。

如果没有林伟贤老师，我对讲师的理解可能只会停留在做好交付上。但后来我做DISC社群，做DISC授权讲师班，都强调不只要有交付系统，还要有营销系统和运营系统。

### 学员变成我老板

做软件公司的时候，会有一些大客户。每年花几百万给我们，用于他们公司干部的培养。

骆总就是其中一位。他在之前的收音机公司外，到九江做了一家光伏公司。他邀请我加入。他和我说：你不只要做上市公司的职业经理人，更应该做上市公司的股东。

于是，我加入了他的公司，担任副总裁和董秘，全面负责公司的投资者和上市。当时公司发展迅猛，3年时间从4000万的注册资本做到50个亿的总资产。融资方面，2个月拿了6个亿的现金。

公司上市在即，材料都准备提交了，突然遇到政策发文不鼓励光伏行业上市。遇到不可抗力，也只能休养生息。周末的时候，我有的时候会重操旧业外出讲课。赚些零花钱是一方面，更重要的是找到自己的价值感。

有一次，我收到了好讲师网魏丹总的邀请，参与论坛，分享了我自己在DISC方面的使用心得，没想到很多伙伴纷纷问我是否能够开课。

我当时就做了众筹的决定。我讲内训是5万元一天，两天认证课就是10万元，我计划招募30人，每人3800元。招募的消息一发出去，想参加的人就开始主动传播，48小时就突破60人，我只能加开一期。

这两期班开完，大家询问是否有复训，我说，如果你们自己能组织人，我们就继续开课，你们可以来免费复训。

就这样，在没有全职员工，没有公司，没有任何介绍佣金，没有分销，连讲师都是兼职的情况下，从2015年开班，到2019年骆总的公司破产，我们从第1期开到第88期，从每人3800元涨价到8800元，每年能培养1000位左右的授权讲师。

● **第四个阶段：做一个支持者，而不是服务者**

公司无法上市，也没能完成并购，我开始做DISC社群，每周六日都会出去讲课。

很多人不理解，我身为副总裁，怎么会有那么多时间做社群？其实很简单，我有清晰的界定，公司的日常管理我从不干涉，只有经营投资的洽谈，或是陪同领导参观，我才会参与其中，这样做无形中就为我节省了大量时间。

2019年，公司破产，这意味着我的几个亿都没了。在创业过程中，我并没有刻意去追求个人财富的积累，但多多少少有了一些积蓄。公司破产之后，账户上已经没有钱了，我个人还拿出一些钱，帮生活特别困难的同事。

做完这件事情，我觉得很心安。

那时候刚好遇到疫情，一开始，我觉得大环境对我没有什么影响，反正有钱没钱我都可以生活。尽管这么想，我的内在还是发生了一些变化。

那段时间，我投资各种公司，遇到各种问题，让我有很强烈的无力感，不愿意干事情，自我要求也非常低，觉得每天干一件正能量的事，就已经很对得起自己了。

但我没有陷入抑郁。可能我做的十件事情，都不够积极向上，但只要我做了一件积极向上的事情，我就能特别肯定自己。

我意识到，除了钱，我也可以用别的方式照顾别人。**如果钱是自我价值的证明，没有钱，我也能证明自己的价值。**

做社群，让我阴差阳错地有了这样正向的心理体验。我的感受特别直观，因为跟我们在一起的人，都变得越来越好了。

我一直给自己预设了双重身份，一个是支持者，一个是创造者。我对于支持者这个维度的定义，是高于创造者的。**我不是一个好的创造者，但我可以支持别人做一个创造者。**

很多教培从业者或者甲乙方关系中的乙方，都会把自己定义为一个服务者。既然是服务者，就会出现常见的对赌式服务：你要什么，我能给你什么？然后开始谈判，双方互相"拉锯"。

我对自己的定位，从来都是一个支持者，而不是一个服务者。

在 DISC 社群里，有面试的要求，我在收取费用之前，会与对方通 15 分钟电话，进行双向交流。我会提醒对方，你要考虑清楚，决定付钱，是你要对你自己负责，我不会对你的结果负责。但我会全力支持你，让你这个决定变成对的。如果你认可这一点，你就交钱，不认可我就不收了。

作为支持者，我有一个信念——一定能帮助到他，所以，我敢说"如果你不认可我，我就不收你的钱"。

但我如果仅仅做一个服务者，内心有匮乏感，觉得自己的资源或者能力不足,是没有这样的底气的。

## 你若盛开,蝴蝶自来

我做 DISC 社群时,一直秉持一个观念——做好人。只有当你真正在做一个好人,展现出更好的自己时,你才具有正向的"磁吸力",会给自己带来大量的好机会、好人缘。

从某种意义上说,心中充满爱且能溢出来的人,在这个世界上是具有独特性的。在人群中,这类人很容易被识别出来,并因此赢得众多人为其提供创造财富的机会。

想更好地赚到钱,我的建议是:

确保自己载满爱,而不仅仅是赚钱的工具。

曾经有个很热门的话题:什么是艺术品,什么是工业品?

我认为,当你把自己变成赚钱的工具时,那你只是一个标准化的工业品;而当你成为一个充满爱的载体时,你就升华成了一件独一无二的艺术品,充满了独特性与创造性。

有些人很幸运,一开始就拥有很多爱,并有能力把这份爱传递给其他人。但无论过去你的爱是否足够,一旦你意识到自己是一个爱的载体,本身就有了一种力量。它能激励你不断丰盈内心,让爱变得更充沛,更愿意施与,也更能够帮助他人。

林肯说,一个人到了四十岁,就应该为自己的长相负责。大意是说,四十岁之前,我们的长相大多取决于我们的父母,是由遗传基因决定的;而四十岁以后,由于每个人经历、心境的差异,相貌和气质也会发生很大的改变。

所以当我们二十岁风华正茂时，就要为自己负责，因为我们有二十年的时间，可能受到周围环境的影响与塑造，但同样地，我们也有二十年时间，足够让自己成为一个充满爱的载体。

如果你的原生家庭原本给予你的爱不多，让你感到心灵上的匮乏，那么到了四十岁，你应该问问自己，我还是不是原来那个匮乏的自己？

这个世界从来不缺乏爱，爱如空气般无处不在。缺少的，只是发现爱的慧眼。如果你希望自己摆脱这份匮乏感，就一定要给自己创造机会，去努力感受爱，去亲身体验爱的温暖与力量。

在爱的滋养中，你才能学会怎样去给予爱，去传递爱。

要多向内求，不断进行自我探索与赋能。

提及自我探索与赋能这两个概念，我先举一个我身边的例子。

我听过一段有趣的对话。

一个已婚女性，一个未婚女性。未婚女性找已婚女性介绍男朋友，说"像你老公这样优秀的就可以了"。

已婚女性就说："你要不给我列出一个具体的择偶标准？"

未婚女性说，自己对年龄、长相没太高要求，但要求对方能有千万身家。她认为，如果在广州连千万资产都没有，基本生活都得不到保障，因为广州随便一套房子都价值千万了。

已婚女性直言不讳地对她说，若想嫁给千万富翁，得先看看自己是否有富贵命。如果你命中注定富贵，哪怕你嫁给一个乞丐，他日也能逆袭翻身，创下千万家业。你若没有这个福分，纵然你嫁的是千万富翁，最终也会家财散尽，一事无成。

话一出口，已婚女性便把这个最好的闺密得罪了。

从那之后，两个人就很少联系了。

已婚女性说的这段话，虽然有些宿命论的意味，然而换个角度来看，所谓的"命运"，其实是指你自带的能量、自带的因果、自带的福报。有些东西，你向外求，往往求而不得。

有一句富有哲理的话"你若盛开，蝴蝶自来"，说的也是这个道理。当自己真正变得强大而又自信时，你就能吸引同样优秀的人和物。同理，当你具备足够的资源与能量时，哪怕遇到一个乞丐，你照样可以为他赋能，将他打造成千万富翁。

在我看来，以财富和爱为主体构筑的人生，通常可划分为以下四个维度。

第一个，有钱有爱；

第二个，有钱没爱；

第三个，有爱没钱；

第四个，没钱没爱。

我们当然不希望做"没钱没爱"的人，因为这类人的物质与情感双重匮乏，生活势必充满了艰辛与挑战。

若一个人有钱却没有爱，纵然他的物质条件优越，却缺乏情感的滋养与陪伴，可能一生都生活在孤寂和空虚之中。当然，他也有可能变成一个单一而执着地追求财富的"工具人"。

如果可以，我们至少要保证自己成为一个有爱的人。有钱固然好，若没有钱，也请确保心中有爱。因为，爱是无价的财富。

　　我当然认为钱是一个特别有价值的东西，它会引导你过上积极向上的生活，但是你要做的是，不要让自己的身心受控于金钱，在凝望深渊的同时，不要让自己变成了深渊。

# 个体成事如何找准定位

## 精准定位，不再迷茫

我相信很多人都经历过迷茫的阶段，找不到人生的方向，不知道自己到底该干什么。有一部分人甚至认为，迷茫是人生的常态。

为什么会有这样的现象？我认为主要有三个原因：

### 一、在想象中找定位

很多人深知定位的重要性，总是在头脑中想象自己的定位，却缺乏相应的行动。

所以，我给大家最多的建议是不要老坐在那里做关于定位的思考，要不断地在行动中去探索、去获得、去巩固你的定位。在这个过程中，要观察哪些定位能让你有幸福感、有价值感，同时又能获得他人的认可。当明晰了自己的定位后，我们就去实践它、完成它，随着时间的推移，我们会逐渐形成自己的独特竞争力。

这里的独特竞争力，一方面，指的是不可取代的专业能力；另一方面，指的是受人欢迎的性格特质。

我很愿意协助更多人提高他们的人际敏感度。每个人都想获得不可取代的专业技能，但世界上一定有一群比我们更聪明的人。他们可以用 AI 技术制定最高标准的功能性任务，在这些功能层面上的工作，大概率我们会面临被取代的风险。但受人欢迎的性格特质具有独特性，是任何技术或者 AI 都难以复制与取代的。比如，当我要做某一件事情时，可能很多人都能满足我的条件，但我为什么选择你？因为我喜欢你、欣赏你，你在我眼里，就像是一个品牌，赢得了我的信任与偏爱。

关于如何让自己成为一个让人喜欢、不可取代的人，如何养成受欢迎的性格特质，我们可以从以下四个关键层面来具体落实。

### 满足客户需求

我们之所以不是直接推出课程，而是选择做讲师班，是因为我觉得单纯的学习并不是大家的迫切需求，把学到的东西传授给他人，这一能力才是市场的刚性需求。这说明，你不仅学到了如何赚钱，还掌握了教人赚钱的能力，一种能够创造价值、影响他人的能力。

### 构建竞争优势

我在培训行业积累了二十多年的工作经验，形成了独特的专业见解和深度的行业沉淀，这是我的许多同行所不具备的。也正是基于这种长期实践积累的优势，使得我在竞争中能够脱颖而出，能做到竞争对手做不到的事情。

### 做别人不愿意做的

在市面上，几乎没有哪一个万元客单的老师会愿意亲自服务每一个学员。因为这一过程会带来很多无效沟通，很多人由于太在意自己的时间而避之唯恐不及。但我愿意去做这件大家不愿意做的事情，更在意与学员之间的联结与互动，因此我能为学员提供更贴心、更个性化的支持与帮助。

### 追求卓越，超越他人

一开始，我可能没有明显的优势。我能讲的内容，别人也能讲。而且市场上存在一个普遍的现象，是大部分人没有区别内容好坏的能力。当我做到

120期时，我便拥有了自己独有的资源与经验，让我能够在同类竞争中脱颖而出。

很多竞争者在模仿我们的模式，但最后做得都没有我们好。例如，我们出版了四五十本书，这一运作过程蕴含了许多隐性的信息与资源，这些都是同行拿不到的，这些慢慢就形成了我们的竞争壁垒。

所以，我们在找定位的同时，也要培养自己的独特优势和核心竞争力。不管是深化专业知识，还是塑造独特的性格特质，都要确保这些是客户真正需要的，这样才说明我们的努力方向是正确的，是具有价值的。

### 二、不知道如何选择

当我们站在人生十字路口左右为难时，怎样才能更好地做出选择呢？

有时候，没有选择的选择，不见得是坏事。

大学刚毕业时，我应聘了很多家公司，对方都不愿意录用我，而我又必须找到一份能糊口的工作。那个时候，保险公司成了我的救命稻草，只有它愿意"收留"不会说粤语也没有亮眼背景的我。

当你没的选择时，你不会好高骛远，反而能安心待在一个地方，然后选择那些看起来不那么有价值，却是自己最热爱、最想做的事情去做。哪怕在他人眼中，这是一种浪费光阴的选择。反正青春，不浪费也是白费。

当我们有机会做选择时，要懂得好选择往往是优中选优的抉择。

比如，我表弟问我：

表哥，我收到一个录取通知，我要不要去这家公司？

在我看来，这并不是一个好选择，而仅仅是一个"去"还是"不去"之间的抉择。真正的好选择，应当是基于多个优质选项的比较与权衡。如果你同时收到了华为、中兴、腾讯等头部企业的录取通知，那么你就拥有了更多元化的选择空间。

当多个好机会都摆在你面前时，你只要简单地对这些机会进行比较，便能自然地分辨出哪个更符合你的职业规划和个人需求了。

### 三、总想等待最好的

想做出最优的选择，你必须很清晰地知道，你并不是造物主唯一的宠儿。

你可以排一下序，设定一个优先级，明确哪些事物对现阶段的你来说更为重要。不要事事要求完美，去追求尽善尽美的结果。因为，**人生是场马拉松，每一个选择都很重要，可能某个微不足道的选择，就会改变你的命运。**

**命运并不是一条单行道，你的人生，也不止有一次改变命运的机会。**

或许当前的选择，并没有转动你命运的齿轮，不必灰心，你还有其他掌控命运的机会。你遇到的每一个人，和他的每一次温暖的互动，你努力维护好的每一份关系，都可能在未来的某个转角，以意想不到的惊喜回馈给你。

就像我们的第31期活动，是在"平安大学"举办的。当时，平安公司的一个领导是我前同事，他邀请当时平安最大的客户参与了这次活动。此次活动空前成功，把现场的整个势能全释放出来了。

这次的经历让我深刻认识到人际关系对于成事的重要性，在关键的时刻，好的人脉资源能够转化为实际的成果与影响力。

而且，**人生并非总是追求满分的竞技场，不必苛求自己非要达到90分的高度。** 为了这90分，你可能在其他地方丢掉了太多东西。不要总是在等待，而是要关注不断成长与超越的最好的自己。

你能享受自我探索的过程，这很重要。如果你唯一的快乐，都来自最终的目标，那么生命的意义便大打折扣了。

人生的每一阶段都是甘苦相交的，如果你只想一直品尝甜，不去感受苦后的回甘，那么甜也会失去本来的意义，正如适时地收拳，是为了更有力地出击。不同的阶段，不同的选择，都有不同的价值与意义。

所以，我也总是时刻提醒自己：

顺境时享受事业，逆境时享受生活；顺风时不要浪，逆风时不要怂！

## ● 找定位的几个阶段

回顾自己多年的职业生涯与创业经历，在寻找并确立自我定位这一过程中，我经历了三个关键的阶段。

**第一个阶段：去折腾，不要停下探索的脚步。**

在最初的阶段，我似乎是被无形的命运之手推着走的。

在几乎没有选择的情况下，只要有机会，我便勇敢去尝试。一开始是保险公司录用了我，接下来肯德基招了我去上夜班，我还去送过牛奶……尽管我也迷茫过，但我始终不忘去探索，不停在寻找属于自己的方向和价值。

**第二个阶段：我不想让相信我的人失望。**

朋友曾推荐我去中兴通讯，他当时找我做一个活动。我想，既然他找到我，我就要展现最佳的状态，不让信任自己的人失望。当然，我也很好地做到了这一点。

在我的处世哲学里，我始终只在意那些我生命中发生的关系，不会过于忧虑那些还未发生的不可控的事件或者某些未知的机遇。我相信，这个世界让我遇到的人，都是缘分使然。无论是顺缘，还是逆缘，我都要维护好与他们的关系。

我前面提到过，我曾因为自己赚了钱，给公司的同事买礼物，他们都很喜欢我。前不久，我和其中一位前同事在某个场合遇到了，聊起了这件记忆深刻的往事，他还调侃说：

海峰，我还记得你小子当年，用几箱酒跟几捆包，就把自己给"送走"了。

凡事有因、有缘，才有果。每一个人都有可能成为他人的"贵人"，我们要感恩所有遇到的人，要珍惜每一份相遇的缘分。

为什么我甘愿成为一个支持者，并且始终强调，希望每一个与我产生交集的人，离开我之后，比遇见我之前更好呢？因为我只是他们人生旅途中的一根拐杖、一座桥梁，我愿成为他人的垫脚石，让他们踩着我，迈向更广阔的天地。

第三个阶段：不管做什么，都要把自己当成一家公司去经营。

回顾过往，自三十岁起，我在央视担任点评嘉宾，转眼已步入不惑之年。现在，我获得的机会比当时更多，这不是由于我的头脑比当时更灵活，我也不觉得我现在讲DISC，比以前讲得好，我甚至觉得当时讲得更好、更有新意。

真正的变化在于，这过去的十年时间，我一直在向周围人证明我是怎样的一个人，并用时间累积了信任与认可。

当我秉持"自我经营"的理念，把自己当成一家公司去经营，那么这家"公司"的无形资产——信誉与口碑，就会变得很重要。

今天，不管你做什么事情，在哪一个领域，你都需要同步经营好"自己"这家公司。公司有信誉，就能不断地增值，定位也会越来越清晰。而你的定位，正是通过你自身的声誉与品牌的价值所"捧"出来的。

我认为，人生最大的确定性，在于持续推动"自己"这家公司实现价值增长。当有了这个意识，我们就会自然而然地去做有积累的事，而且每一份积累都不是浪费，都会有价值。

当我们不过度在意成果，而是更在意积累的商誉、他人的认可与建立的关系时，这些无形的积累与沉淀，确定性会非常高。当我们不再受限于去寻找、去追逐某个行业、定位或赛道的时候，就不会被这些事物所束缚。

我相信，无论是少年得志还是大器晚成，每个人都有机会迎来自己的巅峰时刻。关键在于，当机会来临时，你有没有足够的准备与能力去接住。

如果有大好的机会找到你，你又恰好把握住了，那不就是你的崛起时刻吗？

## 个体成事的必备心态

人生中没有绝对的失败，每一次经历都不会白费，要么得到，要么学到，要么成功，要么成长。

在他人眼中的失败，对你而言，只是一种反馈，甚至是一个按下暂停键、重新审视与调整的机会。如果你没有调试的能力，无论遇到何种境遇，结果都一样注定失败。

很多人之所以未能走出失败的阴影，是因为他们缺乏适应与改变的能力。他们故步自封，逃避责任，不愿再尝试，害怕再次体验失败。

所以，面对失败与挫折，你可以采取以下态度。

### 坦然接受反馈

坦然接受不理想的反馈，并自问："我能不能做得更好？如果我想得到更好的反馈，我是否愿意付出代价？"如果答案是肯定的，便毫不犹豫地付诸行动。

### 利用暂停的机会

暂停不是放弃，而是为了更好地出发。暂停时，要反思前行的利弊："如果我继续下去，好处是什么？付出的成本是什么？"然后，再决定自己是暂时停步，还是勇往直前。

### 用选择的视角来看

我把它当成数学题，考验所有人的，不是成败的结果，而是选择的过程。只要你肯放弃，世上无难事。不要陷入情绪死胡同，一直内耗，要权衡利弊，利大就继续，弊大就停止。

"变词"重构

改变自己对失败或挫折的认知，将它们变成另外两个词：反馈或暂停。然后从内心接受这件事，并庆祝自己拥有了新的成长机会。

很多人因为惯性一路狂奔，没有办法暂停。而此时正好有一个适时的反馈，提醒你有机会暂停，这时候你可以重新审视现状，或者换个赛道，接下来甚至可以变得更好。

因此，看待事物的意义与价值时，看似负向的结果，也可能从中看到正向的价值。

## 真正的心量，来自事上的修炼

我们去做一件事情时，如果过分在意结果的得失，反而未必能成事。真正的必胜之道，在于拥有对自我的掌控能力。

这种掌控力不仅体现在生意的盈亏或者项目的成败上，还包括你能否促使相关利益者实现个人成长，与你互利共赢。

若你的朋友无处不在，你的路就宽了，机会就多了。因为好的合作关系就是双向奔赴，彼此成就。当你们的关系越来越好时，你也会因此而得到滋养。即便在某个方面遇到了冲突与挑战，大家也能包容共进、协作同行。

稻盛和夫先生说，工作是一场修行，提升心性必须事上练、事上磨、事上见。他并非单纯强调事务的完成结果，而是告诉我们，要通过实际工作的历练与人际交往的磨砺来修炼自我。

因此，心态的修炼需要在做事的过程中去体悟，在关系的碰撞中去修炼，从而达到内外兼修、知行合一的境界。

## 凡事发生必有助于我

生而为人，自然有期待，有愿望，没有达成目标，我也会感觉痛苦，但我不会久久沉湎于痛苦，我能很快抽离，很快放下。

之所以能拿得起放得下，得益于我内心的三个重要认知：

第一个，我能掌控并改变的事情，我全力以赴地去做了。

第二个，我无力改变的事实，我坦然接受，能顺应自然规律。

第三个，随着经历的不断积累，我清晰地认识到，哪些事情我可以掌控与改变，哪些事情我无能为力，并能明智地做出选择。

当我们有勇气去行动、有格局去接受、有智慧去分辨时，便能以更加积极的心态面对生活中的一切。

凡事发生必有助于我。因为，每一次挑战、每一次接纳、每一次分辨，都在无形中增强了我们的底气，拓宽了我们的视野，提升了我们的智慧。

## 如何修炼自己的心态

成功并非偶然，它需要具备许多必要的条件，但创造这些条件的前提，是拥有一个好心态。想要修炼自己的心态，我的建议有三个。

摆脱情绪内耗：别让结果成为定义自己的唯一标准

凡事永远没有最好的结果，但我们可以用更好的方式去努力。

每当我去线下做访谈，家进总是那个笑声最响亮的人。他走到哪儿，就笑到哪儿。有的时候，我会想，到底是我在模仿家进，还是家进在模仿我？我们俩的心态都出奇地乐观，有事没事都会开怀大笑，有时甚至笑得控制不了自己。

这种乐观的心态，渗透到我们生活的方方面面。比如，出差在外，挑选酒店时，我并不盲目追求酒店的星级或名气，而是更注重实际入住的体验。大部分时候我都能选到舒适度高的酒店，偶尔选择不尽如人意，家进也不会表达不满的情绪。他会下意识地给我赋能，鼓励我说：

海峰老师，你挑房子都挑出经验了。

在我看来，遇到任何挑战都能迎刃而解的人，无疑是拥有成事的好心态的。这种心态的核心，是要能做到"一念之转"——转变心态和看世界的角度，就能解决情绪内耗的问题。

俗话说，"人生不如意事十之八九，常想一二，不思八九"。如果我们能秉持这样的心态，就会适当降低自我标准，不会既要、又要、还要。如果你总是把好的结果定义为成功的唯一标准，什么都要，那你肯定活得很痛苦。

从大处着眼，接受那些结果的不完美；从小处着手，找到具体的切入口去积极实践；从细枝末节之处，去感悟每一次的成长与收获，这是远离情绪内耗的最好办法，也是成事必备的心理素养。

### 聚焦三个核心点：解决没有资源的困境

我一直觉得，"没有资源"是个伪命题。

许多人认为，"没有资源"是阻碍他们成事的障碍。在我看来，要摆脱没有资源的困境，需要做到以下三点：

### 秉持"自我即资源"的认知

人生来就是创造与自我实现的主体，每个人都是一座待发掘的资源宝库，内在蕴藏着无限的潜能。

如果你没有这方面的觉察，当你能量不足时，就会持续陷入"我没有资源怎么办"的自我怀疑中，并且在不断强化、自证的思维闭环中给自我设限。比如，我有10块钱，却不想着如何将自有的10块钱增值成100块，而是一味地羡慕他人兜里的100块，那我的资源就永远矮人一截。

我们要先相信自己有资源，然后去积极探索和挖掘这些资源，再找到合适的方式加以利用。

每个人都不是一个静态的个体，而是一个动态平衡的系统，处在不断变化和发展之中。自我的界定与选择，决定了你的人生走向。只要你界定自己是一个有价值的人，心中怀揣明确的目标，那你的前方就永远有路可以走。

### 转变思维，从"要"到"给"

要摈弃一味索取的思维模式，转而培养给予的习惯，增加"给"的能力。在我们社群中，很多人善于分享和给予，会给人送很多书、很多礼物。一部分不成熟的人，就会习惯性地到处索要礼物。

当我提醒他们给予的重要性时，他们会问：

老师，我没有那么多钱，也没出过自己的书，我能给什么呢？

我会这样告诉他们：

主动给予不仅仅是物质上的付出，更重要的是精神上的支持，是情感上的给予。比如说，关心，难道你不可以给吗？帮助，难道你不可以给吗？别人发了朋友圈，你不可以点个赞吗？别人做个总结，你点个赞，你不可以归纳一下吗？你欣赏谁？发自真心地赞美他的品质，你不能做到吗？

当你成为一个乐于给予的人，你会吸引那些愿意帮助你、支持你的人，所有你需要的资源都会主动涌向你。

### 有持续的"给"的行动力

有了"给"的意识之后，持之以恒地去做，是提升给予能力的关键。当你积极与他人互动，并且持续不断地给予时，你"给"的能力就会越来越强，那么，你走到哪里都会是一个受欢迎的人。

### 重塑自信：通过转念，问对的问题

每当探讨自信这一话题时，有很多人很坚定地认为自己是不自信的。如果你也这样认为，不妨多问问自己：

为什么你对于自己的不自信，这么自信？

自信人人都有，关键是你想把自信放在哪里？学会问对的问题，是人生的必修课之一。当你纠结于"怎么变得自信"这个问题时，就等于给自己预设了不自信的状态。

你可以通过转念，换一个问题问自己：

觉得自己没有积累怎么办？

要永远相信，你是有积累的。所有的成就，都要依靠时间沉淀。我们不断增长的年龄、阅历，本身就是一种无形的积累。

你积累的所有价值，是能为你增加势能的。积累是一个从无到有、从少到多、从慢到快的动态变化过程。不急于求成，先明确你的目标，再以目标为导向不断去积累，你会发现那些看似无关紧要的经历，实则是你前行路上的宝贵经验。

简而言之，我们要先破除固有的观念，摈弃静态思维，不要以单一的视角看某一个切面，而是要有大局观，要将目光放长远，看到自己的无限可能性。

面对挑战时，坚信"凡事发生必有助于我"，你将从每一次经历中汲取养分，不断成长；面临失败时，不断提醒自己"我永远都有选择"，你将会有勇气和智慧去应对。

那么，当你遇到困难时，是真的认为自己无能为力了，还是仅仅因为不愿付出成功所需的努力与代价？答案，或许就在你的心中。

## · 个体成事的关键能力与技巧 ·

### 成事的关键能力

我的包容度相对比较高，擅长从正面的视角看待问题，对他人的要求不多，同时也不苛求自己。在这样的过程中，我逐渐锻炼出一种无意识地快速转念的能力。

人生是动态的、多元化的，"横看成岭侧成峰，远近高低各不同"，要想获得丰富的人生体验，需要具备灵活切换角度审视事物的能力，这个能力对我自己的帮助很大。

转念，是成事的关键能力之一。我通过转念，减少了很多心智内耗，我只对自己的选择负责，把时间都放在那些有价值的事务上。如果遇到内耗，我就立刻转念调整，避免内耗加剧。转念的次数多了，速度自然也随之加快。

即使我能快速转念，当我遇到挫折和挑战时，也会有心理不适感。但我不会长时间沉浸在负面情绪里，因为我的脑海里已经升级了一套自我调节的系统：

坦然接受情绪，同时提醒自己拥有选择的权利；

迅速转念，从不同视角审视问题；

轻松释怀，不执着于非我所愿的结果；

理性评估代价，并选择积极应对，而非就此认命。

转念的能力人人都有，而且很多时候，是在不经意间练就的，只是有快慢之分。当然，我不觉得一个人转念慢，一定是件坏事。每个人都有自己的"心理缓冲期"，准备阶段不同，转念的快慢各有其因。

转念较慢，或许是正处于大脑重构的过程中，急转反而不利。我们只需在一旁陪伴他，引导他，当他的认知得到了提升，转念也就在一瞬间。

在 DISC 社群中，我们有一句心法给大家，即"凡事必有四种解决方案"。当遇到情绪困扰时，我们不妨用前面提到的改善情绪的四种应对方式来思考问题，并以此找到四种解决方案。

当我们养成这种有章可循、灵活多变的思考方式，看到更多选择的可能性，就能打破"面前只有一个选择"的认知，从而拓宽视野，增强解决问题的能力。

## 为什么总是"差一点"就成功

我总听到有人感慨：自己差一点就成功了。如果明知道成功的机会在眼前，却选择放弃，那只能说明他并不是真正地渴望成功。

在成功的大门前，我们总是还差临门一脚，是因为愿力不够、放弃太早。很多人不是因为自己不想要，而是一旦想要，意味着要付出相应的代价。而那些代价，往往又是自己不愿意付出的。

有时候，放弃某个"差一点"就做出的决定，不见得全是坏事，反而可能迎来另一个崭新开始的契机。

离开上一家公司时，猎头找到我，代表某家公司开出了非常丰厚的报酬的工作邀约。当时吸引我的不仅是这些，我很看好公司股票的潜在价值，觉得这或许是一个实现财富飞跃的契机。我甚至当时还跟我太太计划着要在公司所在地租个房子，以后把孩子一起带过去生活。

可最后，我没有去。尽管对方一直催促我入职，我却迟迟未能下定决心。重返职场意味着要重新适应规律的上下班生活，我的自由度就受限了。而真正让我决定放弃的，是我太太的一番话：

"现在小朋友刚上小学，正是需要爸爸陪伴的年龄。到了初中，你想陪他，他也不一定要你陪了。"

那一个晚上，我思虑再三，最终放弃了去这家公司的决定。

不过，这些经历并非白费。后来，我还做了这家公司全体讲师的内部认证，签下全球培训项目合作协议。没有之前的这些互动，估计也不会有后续的这些成果。

## 我创业"从 0 到 1"的阶段

我真正开始创业，经历了三个关键的阶段。

第一个阶段：塑造专业口碑。

我从原公司跳出来，做自由讲师的过程中，曾给二十多位移动公司的核心高管讲过课，由此打造自己的口碑，建立工作的人脉，积累了自己的早期资源。

第二个阶段：汲取榜样的力量。

当时有一个阶段，我对财富完全没有概念。我一年赚 200 万元，我旁边的人也赚 200 万元，大家都很满足。我去林老师那里，看到有人一场赚 1000 万元，突然之间，就找到了自己的榜样。

我心想，我什么时候也能讲几天课，就有一两千万元进账？而我现在，辛苦忙活一整年，才能赚 200 万元。这样一想，我内心深处对于更高财富目标的渴望被极大地激发出来。

第三个阶段：建立信任关系。

从软件公司的执行长到光伏公司的副总裁兼董秘，我的职业生涯迎来了重大转变。我一直在想，骆总为什么会邀请我进他们公司？那会儿我做董秘的核心工作，是跟三方对接。他本应该找专业人士，为什么会找我？

后来我才明白，这完全是基于他对我的信任。

进公司之后，我清晰地界定了自己的职责范围，专注于经营而非管理。我与所有的副总裁坦诚沟通，表明我的加入是为了共同创造更大的价值，而非争夺既得利益。工作过程中，我权责分明，从不会去干涉其他人的管理事务。所以，我进公司之后，并没有开展过多的内部培训，我的边界感分得很清楚。

因此，我很快融入了新环境，并没有因为自己是"空降兵"而水土不服、遭遇排挤。我成了公司中一个独特的存在，不抱团站队，又跟各方保持良好的关系，也因此赢得了大家的尊重和信任。

## "从 0 到 1" 的三个基本要求

想成大事，必须先做好小事，先做对的事。对此，我的建议是：做积极的自我设定。

如果你问自己"这件事我能做成吗？"，这个问题往往难以给出直接的答案。

如果问自己"这件事我什么时候能做成？"，这是一个积极的自我设定，你能够为此主动规划学习路径和时间表。

你是谁不重要，你要成为谁才是决定你未来方向的关键。因为"我是谁"是一个"静态"的标签，而"我要成为谁"才是一个充满积极可能性的动态过程。

而且，我有可以成为我想成为的自己这一个信念。

同样地，面对没有资源的困境，不要停留在"我没有资源"的消极情绪中，而是要明确你未来要达成的目标，究竟需要哪些资源，并根据所需去识别和积累资源。

这种思维方式的转变，实际上是一种资源导向的策略，能促使你专注如何获取和利用资源来实现目标。

● 机会来临前，做好充分准备

想要成事，找准定位固然重要，积累个人信誉更重要。

当机会悄然降临之前，个人的信誉积累如同磁石，能够吸引好运的眷顾。我做董秘时与同行交流后发现，80%以上的董秘，尤其是上市公司的董秘，他们的专业背景与当前职位并不完全吻合，他们却能在各自领域内做得很好，这就是长期积累的信任在发挥作用。

因为他们赢得了领导及董事会的信任，才得以担任要职。这再次印证了专业口碑、行业影响力和信任积累的重要性。尤其是信任，它是无形的资产，能够弥补能力的不足。

当你获得信任，能力不足时可以培养能力，经验尚浅时可以积累经验，因为总会有人愿意成为你的引路人，指导你，提携你，会在关键时刻助你一臂之力。

### ● 做好能力归档

我常和我太太谈及"如何处理好家庭关系"这个话题。我认为处理家庭关系的复杂性与挑战性，不亚于管理一家公司。

家庭中的微妙关系平衡、边界感的把握，以及不同孩子的个性化教育，都是对能力的极大考验。所以，我认为一个全职妈妈所具备的能力，不仅不逊于任何一个职场人士，甚至在某些方面更为全面和细腻。

如果一位全职妈妈能意识到自己的价值所在，同时能把自身所具备的各项家庭管理能力进行梳理和归档，再把这种能力巧妙地转化应用到家庭之外的领域，那么，不管她投身于职场，还是自己创业，她都具备了成事的核心能力。

所以，我们不要受限于当前的资源匮乏，而是要相信，**成事本质上是一个创造的过程，通过我们的努力与创造，原本匮乏的领域也会变得丰富多彩。**

当我们有了这个信念，就会激发我们的内在动力，让我们有勇气去拼搏，去奋斗，去看到未来更大的可能性。

## 个体成事如何持续发力

### 从"投机者"到"投资者"

成功之后，能一劳永逸、长久安稳，是大多数人的愿望。然而风水轮流转，任何一个行业、企业、趋势，都有其生命周期，不可能永远处于巅峰状态。

对想持续成功的朋友，首先要恭喜你，你已经获得了成功。在成功的同时，还有志于追求持续成功，这本身就是一种难能可贵的成事态度。想要实现持续成功，就需要保持归零心态，随时准备投入一场场新的"战斗"。

持续成功的法则，无外乎将自己从一个"投机者"修炼成一个"投资者"。作为投资者，你的关注点不再仅仅是个人能否成功，而是要用你的成功去赋能更多人，去助力他人成功，进而实现双赢乃至多赢。

比如，我们去年光做一场发售就有1000多万的收入，但转身就把所有的钱都花出去了。我会努力去寻找那些有潜力、有团队、有创新精神的初创企业或个人，期待与他们合作。后来，我们找到笛子、海波等，在我们的努力争取下，以投资的方式支持他们的发展。

当个人的成功与更多人的成功紧密相连，形成一种共生的关系时，那么他们的成功，也会给你带来可观的回报，能够助力你持续成功。

## 最好的投资是对人的投资

能够持续成功的人,往往是那些备受欢迎、懂得借力的人。他们凭借自身的影响力,能吸引越来越多的人聚集在他们周围,为他们带来了更多的机遇与认可,从而获得更大的成功。

因此,我们早期投资,不仅仅是评估项目本身,而是以人为主。风口不可控,成败也难以预料,但那些自带喜感、具有亲和力的人,往往更有好人缘,也大概率是更为稳妥的投资对象。哪怕他当下这个项目不成,下个项目也会有成功的机会。

我们曾有好几个看似处于风口却没能成功的投资项目。其中有一个受资方,他自身已拥有很大的影响力,也赚了不少钱,我投了他之后,他直接告诉我:

"海峰老师,你投资的160万元没了。"

前段时间,他又告诉我,说他现在正在研发一个新的经济项目,我投给他的钱,他已经转到这个新项目里了。

我觉得,有些投资可能短期内没有现金回报,但能够支持一些具有强大影响力、对社会有贡献、能持续创造价值的人,本身就是一种有价值的投资。

## 个体成事的底层逻辑

成为一个好人,受人尊敬与信赖,是个体成事的先决条件。

对于大多数人而言,融入一个高质量的社交圈,就等于拿到了成功的入场券。在这个圈子里,成员们彼此滋养,能做到互惠互利、互相支持。

当你进入这个优质的圈子，便应该毫不犹豫地给予，积极投入自己的热情与努力，因为给予比索取更容易赢得人心。

同样地，当你进入一家公司，先不要关注公司能为你提供什么，而应思考你能为公司带来什么。即使这家公司并非你的理想之选，但当你积极付出、勇于展现你的能力时，终有一天，会有更优秀的公司向你抛出橄榄枝。

人生是分阶段的，最初的奋斗期，肯定需要先付出最大的努力，并以此培养自己的能力，没有捷径可走。当你的能力随着时间的推移逐渐增强，你便拥有了更多的选择权，就有资格、有筹码去选择愿意与你共赢的公司或团队。

我倾向于选择与那些愿意提携后辈、分享资源的大 IP 合作，给他们出合集。因为他们不仅具有人格魅力，更懂得将自身的流量与影响力传递给身边的人。

当一个人能无私地托举他人并慷慨给予时，自然而然会吸引更多的人追随他，让人觉得：我跟他跟对了。

所以，如果你想进入好的圈子、好的公司，希望选择对的老板，首先需要考虑的是：他们是否愿意与你分享资源、机遇或影响力？

如果答案是肯定的，那么在你与之共事的过程中，你定能获得持续的、实质性的成长与回报。

## 三次拿下一千万

在移动互联网时代，要想打造影响力，拥有稳定的客源，实现财富增长，最为高效且直接的传播方式是口碑传播。

提及口碑传播，不得不说到三个至关重要的"域"。在这里，我将通过我亲身经历的三个"千万"故事，来阐述他域、公域、私域的概念。

第一个千万：他域，DISC 社群崛起。

DISC 社群的成功，是他域成功的典型例证。

我们有共同的目标，希望遇到有趣的灵魂，并通过他域，把志同道合的人拉进来，一起经营一个充满活力与创意的社群。这便是 DISC 社群的意义。

通过口碑相传，我们不断吸引新成员加入，同时老成员的向心力也在不断增强。基于大家的信任和支持，每年有上千名新生由毕业生直接转介绍而来。

在这一过程中，我很在意每位成员的存在感与获得感，希望他们都能"被看见"。在 DISC，如果有老成员介绍新人进来，我们都会跟所有新同学说：

如果你们有收获，请转达给你们的推荐人。因为他们没有因为你们进入社群，赚到一分钱。如果你有收获，可以向他表达感谢。

正是由于这样的互动机制，增强了社群的活力与凝聚力，形成了源源不断的推荐循环。

第二个千万：公域，喜马拉雅人际关系训练营创佳绩。

在喜马拉雅平台，我们借助其强大的传播力，实现了公域的成功。2019 年，我们的喜马拉雅人际关系训练营，仅仅用 5 天时间，便创造了 1000 万业绩，成为当年"123 知识节"第一名。

当时，喜马拉雅平台有一个团队在配合我们。从一开始，我们就很在意与平台的深入沟通，并由此激发了双方最大的潜能。

在这样的良性互动之下,我们的项目顺利推进,市场反响热烈,正如当初我对合作伙伴说的那样:

**我们一起创造一件可以写入简历的事情。**

**第三个千万:私域,发售的巅峰时刻。**

2023年,我们项目的发售做到了 1000 万元的业绩,实现了私域的成功。

我们跟肖厂长(肖逸群)团队立项之初,就明确了发售目标,为了激励团队的积极性,我们表示"做到 1000 万元,就请大家出去玩儿"。最终,我们超额完成了任务,也兑现了承诺:拨了 30 万元旅游经费,作为对肖厂长团队辛勤付出的回报。

在做项目的过程中,我们很在意每个人的付出,始终将团队及合作伙伴的利益放在首位,并让他们在项目中获得实实在在的收益与成长。也正是因为这种**互利共赢的理念**,让我们一赢再赢,能持续创造辉煌的发售业绩。

## 如何做到互利共赢

打造个人 IP,用自己的影响力来变现,是当前的创业风口,也是实现共赢的一种典型商业模式。一个主 IP,想要实现持续的价值增长,关键在于资源互换,创造并把握别人自发宣传自己的机会。

以我们 DISC 社群为例,我们并不要求 DISC 成员直接为我们做宣传,而是创造成员宣传自己的机会,在他们宣传自己的同时,自然而然地融入了对社群的推广。

主 IP 正是这种双赢模式的受益者。

主 IP 不仅拥有更强的势能和更高的流量，其提供的服务也被赋予了更高的价值预期，他们的学员在做自我宣传的同时，也会有意识地传播他们的理念与价值，由此提升了主 IP 的 吸引力和影响力。

而有了主 IP 的流量赋能、势能赋能作为背书，学员们也因此获得了 流量的增值与变现。

我想说的是，实现从 0 到 1 的跨越，往往离不开个人的努力与坚持。如果你想要在 1 后面加 0，实现更大的成就，那么外界的支持与帮助就显得至关重要。

你能吸引多少人支持你，将直接决定你能在 1 后面加多少个 0。这不仅仅是一个数字的增长，而是代表着你的身后有多少人愿意成就你，助力你实现更高的目标。

另外，不妨问问自己，你目前属于从 0 到 1 的阶段，还是从 1 到 10，甚至到 100 的阶段？你知道如何走向成功，并做到持续成功吗？

# PART 3 关系的本质

- 关系与财富
- 建立人际关系的基本准则
- 关系是工作的一部分
- 幸福感是关系发展的原动力
- 好的沟通是人际关系的润滑剂
- 家庭关系是终身学习的必修课
- 人际关系的几大催化剂

## ·处理好弱关系能让你变富·

关系，是人类特有的一种情感体验。

人作为群居动物，相互关联，相互影响，以此产生各种各样的关系。

关系虽无形，却能为个人创造更多的机遇和资源。

一个懂得感恩、善于维护关系的人，能在有需要时更快得到他人的帮助，化解危机。同样，一个拥有广泛人脉的企业家，往往能更容易地获取市场信息、合作伙伴和投资机会。

从市场交易的角度来看，关系是一切交易的基础。

关系属于"非标品"。在交易的过程中，由于关系的存在，可以使标品"非标化"，从而拥有不可复制的价值。而如果排除关系这一要素，所有标品都很容易被取代，交易就难以达成。

因此，我们可以预见，在未来的经济与社会活动中，任何高价值的创造与积累都依赖于关系的构建与维护——无关系不交易，无关系无未来。

### 关系的本质，是相互需要

在《小王子》一书中，狐狸遇到小王子时说过这样一段话：

如果你驯服了我，我们就互相不可缺少了。对我来说，你就是世界上唯一的了；我对你来说，也是世界上唯一的了。

《小王子》全书都在探讨如何建立关系，并揭示了关系的本质：人与人之间的关系是相互需要，是一种驯养与被驯养的过程。

正如狐狸对小王子所说的"只有心灵才能看得清事物的本质"，我认为关系是一种感觉，这种感觉能引发共鸣。它决定了他人如何对待你，也引导着你如何回应，这一切都源于我们内心的感觉。

从市场营销的角度来看，人在做交易时也依赖于关系。

不管你再怎么理性地判断，能够在瞬间做出决策，一定经历了从陌生到默契，从引起共鸣到产生信任，再到构成供需关系的过程，最终是为自己的情绪价值（好的感觉）买单。

每个人对情绪价值或许都有不同的定义，但喜悦一定是最基本的要素。而好的关系，源自好的感觉，是喜悦带来的结果。

## 人脉，是资源与能量的交换

有人说，真正的人脉不是能帮到你的人，而是你能帮到的人。人脉的"脉"，指脉络，即人与人之间构建的无形桥梁。桥梁是互通的，可以从 A 往 B 走，也可以从 B 往 A 走。

当你将焦点放在你能帮到的人身上时，这份关系就是可控的。你吸引来的人，大概率会成为你的人脉。相比之下，当我们用低微的索求姿态，去强行与他人建立关系联结时，往往这个人不会成为我们的人脉，而仅仅是我们的客户。

为了更清晰地界定什么是有效的人脉关系，我将分别根据下面这几种情况进行具体分析。

### ● 帮过你的人，大概率会再次帮你

这个人之前帮助过你，代表他信任你，对你的情况也有一定的了解。如果你表现可靠，又与之相处融洽，当你面临困境时，他自然乐意再次相助。

当然，你也不要觉得帮过你的人，一定会帮你。他之前帮助你时，你的回应是什么？你是否让对方感受到出手相助的价值与回报，比如是否增进了彼此的关系，他是否因为帮你这件事而变得更好？如果答案是肯定的，他再次帮你的概率比较高。

### ● 你帮过的人，不一定帮你

反过来，你帮过的人，在你遇到困境时不一定会帮你。可能存在很多原因，甚至不是意愿度的问题，大概率与能力相关。如果强求你帮过的人施以援手，那么你之前的出手相助，就成了一种交易或交换。所以，对于你帮过的人，别太在意回报，让一切顺其自然，这也是一种境界。

### ● 人脉就是钱脉

金钱作为交易的媒介，其本质是流通。流量聚集在哪里，人就聚集在哪里，相应地，财富也就自然流向哪里。

"物以类聚，人以群分"，财富水平相近的人，大概率能聚在一起频繁交流、互通有无。反之，悬殊较大的人偶尔相聚，也难以建立深度关系，更难以成为彼此的人脉。

### ● 财散则人聚，人聚则财生

传统的商业经营方式是，吸引资金后，经过适当分配，组织的形式才得以维系，才能持续保持竞争力。如果你不让资金流通，不进行利益分配，就

很难有追随者。而且，组织因集合众人之力，往往比个体更有"吸金力"。

对于个体而言，人聚则财聚，人散则财散，一切以人为核心。而我们遵循的是"财散则人聚，人聚则财生"这样一个良性的逻辑循环。

我们要避免陷入单一的二维论，要不散财聚人，要不聚人散财，而忽视了财富增长的可能性。我们价值的焦点应放在，当众人汇聚在一起时，能共同创造出超越个体单打独斗的价值。

否则，就容易因为目光短浅，而掉入"财富的'蛋糕'是一成不变的，分给你我就少了"的误区。事实是，通过人的聚集，我们能够共同做大财富的"蛋糕"。

### 财富和关系的冲突与平衡

通常情况下，擅长处理人际关系的人，往往都能积累财富。

如果出现分配不均的情况，通常是个人对自己贡献的评估存在差异，进而不可避免地引发冲突。解决这一问题最好的办法，就是签订合同，以白纸黑字的形式明确双方的权益与义务。

再好的关系，都需要合约的保障。因为，道德只约束讲道德的人，对于不讲道德的人，只有通过法律才能约束他们的行为。

当然，也并不是所有关系都适合用合同进行约束。人与人之间的交往本就是复杂而多维的，灵活处理很关键。如果过度依赖合同，反而会使一些关系变得沉重，难以维系长远。

以下是我在处理财富与关系时，所坚持的一些原则。

原则一：关系比财富更可控

相较于财富，我更重视关系的建立与维护。因为，财富是不可控的，而关系大概率是线性增长、稳步加深的。哪怕对方不可控，但我相信，只要保持不懈的互动与沟通，努力增进彼此关系，就能收获正面的回馈。

为了更好地与人增进关系，我有三个小技巧分享给大家。

第一，要保持自己的初心；

第二，掌握恰当的沟通技巧；

第三，保持频繁而有效的沟通。

总之，我宁愿把精力与资源投入好的关系里，而非单纯依赖金钱来界定关系的深浅。金钱的流向受外界诸多因素左右，可能因某个人的决策、市场的汇率而瞬息万变。但是，如果将钱投资于关系之中，定能激发潜能，共同创造出超越金钱的价值。

原则二：关系比财富更有创造力

当你没有资源时，你可能没有途径去获得财富。但即使你没有关系，你也能靠自己的努力与主动性去创造一些关系。

当前的时代，互联网提供了前所未有的沟通便利，大家能通过线上与线下同时增强与人的联结与互动。比如，简单的日常交流与互相搭讪，只要能找到共同话题与兴趣点，互相聊一聊，就有可能聊出财富与机遇，创造出很多可能性。

原则三：关系比财富更持久

金钱可能会因市场波动而贬值，财富也可能因各种原因而流失，但一份真挚的关系，不仅是金钱流动的通道，更是吸引和留住资源的关键。

或许有些关系不能立刻转化为物质的财富，但它能在我们最需要的时候，给予我们最坚实的依靠。

原则四：关系是有属性的

从大视角来看，关系是基于社会互动和人际交往形成的，其本质属性是社会性。但从个人角度而言，由于不同人在关系中的角色与互动程度的差异，而使关系具备不同的属性。

与财富不同，关系不是可独占或可转让的资产，而是一旦建立了，用心维护了，就会稳固地、持久地存在于我们的生活中。

## 社交智慧：向上生长，向下兼容

人与人之间的关系联结，基于一个基本共识——人生而平等。

如果你比我富有，也不会把钱直接给我，我无须降低姿态攀附于你。如果你没有我有钱，但你肯定有值得我欣赏的方面，我也不会居高临下地俯视你。

我们之前出版过十几本图书，每本图书都是多位作者合著，跟大家合作时，我有个特别深刻的感受，是让普通者享受了优秀者带来的红利。提到这一点，大家的第一反应是，谁是普通者，谁是优秀者？

后来我们得出一致的结论：我们每个人都是普通者。一个人再厉害，不可能方方面面都厉害，在你不那么厉害的地方，其他的人就是优秀者。所以从某个角度我们可以说：每个人，都是以普通者享受到优秀者带来的红利。

每个人都有其他人所没有的长处，若能做到"用其所长，行其所能"，你便能享受到优秀者带来的红利。而想成事，想让团队具备向心力，还需要有"打群架"的思维，能把优秀的人汇聚在一起，让大家相互兼容、相互影响，让每个人都收获学习与成长的机会。

关于"向上"的理解，大多数人通常认为，去结交比自己财富更多的人，就是向上社交；而与不如自己有钱的人交朋友，便是向下兼容。

而我对于"向上"的定义，是超越物质层面的衡量的。

真正的向上，在于不断发现并学习他人的长处，摈弃偏见与分别心，与优秀者并肩前行。

人与人之间相互影响、彼此成就，因为对方的存在，我们自己也能变得更好。当我们都怀揣一颗向上的心时，我认为，那便是"向上社交"的真正含义。

其实，传统意义上的"向下兼容"，换一个角度，也可以视为一种向上成长。

如果你认为自己身居高位，以傲慢、偏见之态自居，那么你的状态已经在"向下"了。若你秉持谦逊之心，把自己放在低位，视自己为学习者，即便看似在"向下"社交，实际也是在不断向上成长。

## ·建立人际关系的基本准则·

在与人建立关系时,若你把他人视为工具,最终自己也将被工具化。为了避免此类情况发生,我们应遵循以下基本准则。

### 五大基本准则,提升人际联结力

准则一:独处时照顾好自己,相处时照顾好对方。

从依赖走向独立,再迈向互相依赖,是一个人走向成熟的三个必经阶段。生而为人,作为独立的个体,我们首先需要对自己负责任,唯有照顾好自己,方有余力去关怀他人。而不是一味地牺牲自我,委屈自己去无私付出。

当更多的人在一起时,会有更大的力量,去观照世界,去照顾更多的人。我们可以营造一个充满爱的环境,激发大家的内在力量,让每个人感受到被世界所爱。

准则二:己所不欲,勿施于人。

"己所不欲,勿施于人"是人际交往的黄金法则,其示范作用远胜于说服作用。它告诫我们,在行动之前应先自省,自己不愿承受之事,切勿轻易加诸他人。

同时,我们要避免"己之所欲,施之于人"。因为每个人都是独一无二的,拥有不同的格局、不同的喜好与需求。在与人相处时,我们要有所觉察,要尊重对方跟自己的不同，而不是把自己的喜好强加在对方身上。

**准则三：优胜劣汰，友者生存。**

优胜劣汰，适者生存，是生物学家达尔文发现的自然进化法则。而在当今这个时代，"适者"不再单纯指对自然环境的适应，而是要去适应这个"打群架"的时代。

尤其是**"友者生存"**的概念，揭晓了关系的本质，它不仅需要扩大我们的朋友圈，也要建立深度联结的人际关系。当我们面对生活的不确定性和挑战时，一张庞大的关系网，能让我们在时代的洪流中屹立不倒。

**准则四：既不要演别人，也不要"做自己"，而是要"演自己"。**

盲目地去模仿他人，只会让你成为别人的影子，而失去了自我。当然，在保持自我独特性的同时，也不要因为"做自己"而导致故步自封，使自己陷入静态，忽略了个人成长与发展的重要性。

我认为，**"演自己"是一种更为智慧的选择，既能保持自己的独一无二，又能不断探索与拓展自我的潜力与边界，使人生拥有无限可能。**

在人际关系中，人们常陷入两种极端，或过分迎合他人，失去自我；或固执己见，特立独行。实际上，我们应根据自身的需求与社交的情境，灵活调整社交策略，既不过度依赖外界，也不完全封闭自我。这样，既能恰当地展现自己的特质与能力，也更有利于建立和谐的人际关系。

**准则五：不因不同而排斥，要因差异而包容。**

孔子有云："君子坦荡荡，小人长戚戚。"诸葛亮在《出师表》中也告诫后主刘禅要"亲贤臣，远小人"。先贤意在告诫我们要疏远小人，多与品德高尚的人来往，因为人的品格是可以互相熏陶的。从管理实践来看，无论怎样的团队，君子与小人并存是不可避免的现实。

君子行为正直、诚信可靠，他们遵循职业道德与公司规章制度，尊重每一位同事和合作伙伴，也往往能获得更多的机会与资源，实现个人和团队的共同成长。而小人往往更注重私利，可能会为了个人利益而失去他人的支持和信任，甚至可能会挑拨离间、制造矛盾，导致团队内部关系紧张。

在人际互动中，做到求同存异，以大的心量，跟不同的人保持良好的沟通与合作。有君子的正面影响力，能确保团队的风气纯正。但那些令你感到不适的人，也不应回避或忽略他们，而应以更开放的心态，去理解和接纳他们。

换个角度来看，你与某人相处不融洽，不意味着其他人也无法与他建立良好关系。而且人有多面，一个人身上有你不喜欢的缺点，肯定也有其他的优点，要"常想一二"。反之，你喜欢的人，也要留意他的缺点，这样在关键时刻，你才不会因为盲目地信任而导致做出错误的决策。

## 如何建立自己的基本准则

我的人际交往原则，是随着自然交往的深入而逐渐形成的。

相处时，自我感觉舒服且愉悦至关重要。在日常的互动中，即便我们持有不同的观点，也需要做到"内方外圆"，采用对方易于接受的方式进行沟通；在保持彼此舒适的基础上，通过适当的思想碰撞，以激发更多的可能性与创意的火花，从而让对方也能感受到这份喜悦。

面对人际关系时，可能每个人的准则都不一样。你只要观察自己是否有增加对方内在的力量，是否拓宽了对方的选择空间，你就能清楚地知道自己的准则所在。

如果自己的个人准则与他人的需求产生冲突，我的建议有两个。

### ● 永远相信有第三选择

所谓"第三选择"，不是指你我单方面的选择，而是经过大家讨论所得出的方案，它本身就带有创造性，是集体智慧的结晶，这种创造性的结果能让大家都满意。

我之前做讲师时，工作日授课，到了周末，我就想去听课，吸收一些新的知识。而我太太希望偶尔有一个周末，我能陪她看电影。如果我答应陪太太去看电影，那肯定不是心甘情愿的。如果我不满足太太的需求，可能就会与她产生冲突，因此伤害夫妻感情。

但实际上，我们有第三选择：

我可以陪她去看电影，但我会精心挑选那些既富有教育意义，又能激发思考，可以截图来做视频的电影。或者，我太太陪我去上课，但我会选择多一些互动练习的、不枯燥的课程，这样就能让她在陪伴中感受到参与的乐趣与价值。

所以，当双方的需求产生冲突的时候，先不要站在对立面，更不要情绪化沟通，而是要先合并需求。当我们退回到彼此的需求上，更清晰地看到彼此时，就会找到很多解决方案。

以"第三选择"这个维度来处理人际关系，你会发现绝大多数的冲突与挑战，都能以和谐共生的方式得以化解。

### ● 学会做排序，找到优先级

在某些特殊的情况下，我们可能不得不面对二选一的方案。这时，最为关键的步骤是做优先级排序。排序之后，谁选择谁负责，谁负责谁承担后果。

例如，若你要把 A 置于 B 之前，你就需要承担这一抉择所带来的后果，包括承担可能影响你俩关系的风险。如果你深思熟虑之后，依然认为这是值得的选择，并愿意承担后果，那么就勇敢地做出决定。

好的关系，应当是一种让人感到舒服且心生喜悦的存在。而原则，是在关系自然发展的过程中逐渐形成的。问问自己，遇到冲突的时候，你是执着于寻找解决方案，还是想真正看到彼此的需求？

# 人际关系的几大催化剂

构建人际关系需要策略引导,更需要真诚与技巧的双重催化。

然而,在人际交往中,很多人对"技巧"一词并无好感,认为是"圆滑""精明"的代名词。如果换成"套路",就更会产生本能的抵触情绪。

其实,以真诚为前提的套路(技巧),才是通往他人心灵最短的路,是高效建立关系的最佳途径。

## 为什么套路会无效

一味地排斥使用技巧,你可能容易陷入沟通的困境,甚至错失许多建立深厚人际关系的良机。换个角度来看,当我们愿意为一个人用心策划并巧妙运用这些沟通手段时,这本身就是一种重视对方的体现。所以,我们要以开放的心态看待这些助力人际关系的方法。

可为什么很多人尝试用套路与人沟通,却最终以失败告终?套路失效的首要原因,往往是你在进行"无对象练习"。这种无的放矢的做法,如同盲目射击,自然难以命中靶心。所以,不要自顾自认为"我有多厉害",而着急去炫套路,而是要先看清楚"靶子"在哪里。

真正的沟通与交流,需要我们深入对方的内心世界。如果自身缺乏洞察力,只看到一个人的表面行为,而没有看到对方真实的内心需要,在运用套路时，过于急功近利，只是想用技巧去达到目的，自然难以奏效。

只有当我们真正做到"目中有人"，并用心去理解和满足对方的需求时，套路才能成为我们建立良好人际关系的有效工具。

## 人际关系的核心技巧

如果说套路是人际交往中表层的策略与手段，那么深入理解和运用人际关系中的精髓——核心技巧，则显得尤为关键。

### ● 构建共同语言体系

想建立良好的人际关系，先明确双方的目标，然后构建一个相互融合、彼此成就的环境，在一个有共同语言的大框架里去与人沟通。

擅长沟通的人，会从对方的角度出发，强调做这件事情于对方有什么益处。具有更高情商的人，则擅长表达双赢的愿景，指出合作不仅利他，也能利己。前者是表达"我能支持你"，后者能与对方迅速建立"你中有我，我中有你"的紧密关系，以实现相互扶持，共同成长。

### ● 保持频繁练习，随时互动

与客户或合作伙伴沟通时，要保持信息的全面、及时共享，以提高合作的透明度与沟通效率。有的时候，越频繁地与对方沟通，他对你的信任越容易建立。当然，这不意味着无限制地占用对方的时间，就能赢得其合作意愿。沟通也有尺度，面对不同的客户，要采取不同的沟通策略。

### ● 恰当地愤怒，讲清楚原则

愤怒并不是必需的行为，交流中能产生创造的喜悦才是最佳的状态。但如果在互动过程中，我向对方表达了足够的尊重，对方却得寸进尺，甚至做出损害共同利益的行为，这个时候，恰当地表达自己的愤怒，亮出自己的原则，就很有必要。有时候，适当的冲突，有助于加深彼此的了解。

很多时候，冲突的发生是由于缺乏充分的沟通，而导致了误解。在这种情况下，恰当的愤怒，反而会消除误解，迅速拉近彼此的关系。

## 人际交往中常见的问题

在人际交往的过程中，有以下几个问题需要我们重点关注与处理。

● **如何面对"不健康"的人际关系？**

出现"不健康"的人际关系，其根源一定是在建立关系之初，我们过多地聚焦于所做的事，而非人本身。人际交往基于相互尊重的互动与交流，不能一开始就带有明显的目的性和功利性。

我经常去听市面上各种老师的课程。

一次，我去参加一个拍摄投放在公域的视频的老师的课。当时，我并不想做公域。当我现场说了后，就有人问："那这个课，对你没有什么用，你为什么还来？"

我就回答："我不是因为短视频来的，我没有拍摄需求。我是因为老师来的。老师多有趣啊，他自己的灵魂有趣，还懂得挖掘别人有趣的灵魂。"

一句话，就把大家给逗乐了。

我趁机打趣说："你们要小心啊，可能参加课程之后，我跟老师的关系会更好。因为我是奔着他来的，而你们是奔着他的技术来的。"

健康的人际关系，是先看人，后做事。

世间本无完美的关系，我们只有接受关系中那些原本"不健康"的部分，通过优化自己的沟通技巧，使沟通从低效变高效，从不健康逐渐恢复健康。

换一个角度来看，当你眼中的人事物都呈现出好的一面时，就不会觉得它"不健康"了。

● **如何打造好第一印象？**

在人际交往中，我们往往只有一次机会去塑造深刻的第一印象。而这一印象，可能长久地影响着我们与他人未来的交往深度。

为了打造积极的第一印象，我们需要先做好充分准备。在一些正式或高端的社交场合，注重着装与礼仪细节，这是给他人留下良好初步印象的直接方式。

若你因突发情况而准备不足，或出现一些差错，最有效的方法是坦诚相告。真诚地向对方表达你对此次会面的重视，并说明自己状态并非最佳，希望对方多多包涵。这样的坦诚往往能赢得对方的理解与尊重。

真诚永远是最好的套路。在人际关系中，更高阶的是心法，而不是技法。当然，如果你能将心法、技法巧妙融合，那你在任何关系里，都能做到游刃有余。

● **如何培养"给"的能力，而不是"要"的习惯？**

我一直强调"给"的重要性，在经常问自己"我能给出什么"的同时，还要在给予与需求之间找到恰当的平衡点，以免给予过多导致内心失衡。

很多时候，我们"不给"，是因为我们"给不了"。针对这一情况，我想说，并不是非给不可。因为给予是出自个人意愿，而非强制性的义务。

如果你非要给，却又没有，那么我得恭喜你，"创造"的机会来了。

你要给的不是你原有的东西，而是新的东西、新的可能性、新的方案、新的愿景、新的关注，你就需要去拓新，去创造，这便是很好的自我成长与蜕变的机会。

● **与表面大度、内心狭隘的人应该怎么相处？**

对于一般人而言，很难准确地去界定一个人是否大度或狭隘。大多数时候，我们眼中的狭隘，只是因为对方没有满足自己的期望或需求。

与人互动时，我们无外乎是为了资源与价值互换。对方是怎样的人并不重要，关键在于我们自身的态度与行为。

我们需要悉心观察，看对方是不是值得我们大度相待，同时也要反思，在对方眼里，我们是不是同样值得他展现大度？这样的相互审视，有助于我们建立更加健康、平等的人际关系。

## 冲突背后是需求的表达

在人际交往中，冲突是不可避免的。

所有的冲突，都代表着需求的产生。越是强烈的冲突，往往意味着需求越迫切。所以，不要忽视任何一次冲突，它是我们洞悉彼此需求的宝贵机会。

有的时候，我们即使意识到了需求，情绪仍可能失控。在我看来，这往往是由于我们在沟通前没有做好前置工作。如果能在沟通前提醒自己，要尊重对方，尊重合作者，我们在面对冲突时就不会乱了阵脚，不会因情绪化沟通，而导致局面不受控制。

面对冲突时，不妨问问自己，是否存在一个能满足双方需求的第三方案？如果不存在，我们就需要发挥创造力，去积极寻找这样的方案。

如果由于受条件限制，比如现实情况不允许、资源不足等，我们可能暂时无法找到理想的第三方案，这时，我们可以将"想要"跟"需要"进行排序。

比如，对方必须确定的是回款时间，而你最需要确认的是回款金额，那么你可以为了获得更高的金额，而接受对方推迟付款。当然，如果双方都不能调和，那么合作可能就无法继续。

所谓的双赢，并非完全按照某一方的意愿行事，而是双方各自获得自己必需的东西。因此，只要有效沟通，洞悉双方的需求，再各退一步，就容易解决冲突，获得双赢。

想有效化解冲突，在进行前置工作时，需要在两个维度上预先规划布局。

首先，要明确对方的资源及其在关系中的重要性。如果你处于强势地位，对方可能更多地扮演配合角色。此时你无须顾虑太多，做你自己就好。例如，如果你是老板，那么偶尔合理地发发脾气也无妨，至少展示了自己对这件事的重视程度。

其次，要找一个与你配合默契的人，以确保场面不乱。若对方地位很重要，你可以适当表达情绪，但你的团队中需要出来一位"和事佬"。冲突产生之后，这位调解者应立即跟进，与对方进行沟通。比如：

刘总，我理解您的心情，我从来没有见过海峰总这么生气过，希望您能多多包涵。我能感受到海峰总对这个项目的重视，他特别希望能做成这件事。麻烦您和我讲一讲您的具体想法和建议，等他情绪平稳了，我会尽力传达给他。

做到这一点，这次冲突反而会成为你此次谈判的一大助力。接下来，对方可能会提供其所能给出的最优条件。所以，当项目难以推进，与合作方产生冲突时，在团队中选择一个合适的搭档至关重要。

此外，想有效解决冲突，适时按下"暂停键"也很关键。

在社群中，我们经常会进行小的"暂停键训练"，这种训练蕴含着一定的心理学原理。其目的在于，像操作幻灯片一样，将不愉快的情绪迅速抛诸脑后，让那段不愉快的记忆成为过去。随后我们彻底翻篇，干净利落地进入新的阶段。

上课时，我们会强调，当这段内容结束要进入下一段的时候，请不要再停留在这段内容里。如果有疑问，先暂且放下。我会带大家一起做这个动作："来，右手往前伸，3、2、1，抛到脑后。"

假如你刚刚被领导批评了一顿，紧接着又要参加会议。这时你要控制情绪有点难，但你在离开领导办公室的时候，手往前伸，"3、2、1"，向后抛。经常练习这个动作，你会越来越熟练。最后你不用伸手，只需心中默念"3、2、1"，就能有效调整自己的情绪了。

其实，我们不必压抑自己的情绪。有些人会因为害怕冲突破坏关系，便选择压抑自我，对于这类朋友，我相信他们在生活中也一定常有这样的顾虑，他们会习惯性地回避冲突，从而失去了很多真正解决问题的机会。

冲突的本质在于差异，而情绪后面往往隐藏着需求。面对冲突时，不妨思考一下，有没有什么方法，可以为冲突按一下"暂停键"，或是延长处理冲突的时间与周期。这样做能帮助我们从纯粹感性的状态中抽离出来，转而成为一个能够理性应对并解决问题的人。

## ·好的沟通是人际关系的润滑剂·

无论我们身处何种环境,与何人交往,都无法避免与他人建立联系和进行互动。

好的沟通,不仅能帮助我们交流想法、分享信息,还能消除误解和隔阂,增强彼此之间的信任和尊重,让我们的人际关系更加顺畅无阻。

### 沟通时,"说"很重要

虽然沉默有时候也可以作为沟通的一种形式,但在这个"酒香也怕巷子深"的快节奏时代,"说"才是表达自我真实想法、展示自身价值最有效的途径。

如果你只做不说,可能会面临下面两个问题:

**沉默,会忽视沟通的完整性**

与人沟通,是你必须跟对方有互动并得到对方的反馈,否则,你就没有完成沟通的整个过程。

**无声,会降低沟通的有效性**

有的人即便不做什么,由于擅长表达,也能赢得他人的尊敬。但你却与之相反,可能做得再多,也不会被人看见。这是因为你的表达是无声的,对方"听不见",便是无效的表达。

除了"说",怎样"做",才能让沟通更高效呢?

有一个小技巧是,不要等全部做完才寻求反馈,而是在做的过程中,设定对方参与和反馈的环节。这样,你能在实践中及时向对方分享你的想法和进展,有效避免闭门造车的情况,让工作成果更加符合双方的要求和期望。

## 沟通的三个好习惯:发送、接收、校验

于我而言,我的沟通之所以能保持高效,是因为有三个好习惯——发送、接收、校验。

### 作为"发送者",要常换位思考

沟通的顺序是发送者→信息→接收者。所以,沟通的效果,取决于接收者。对发送者而言,要多站在对方的角度,而不是一味地从自己的角度去思考问题。

### 作为"接收者",要养成及时反馈的习惯

我会经常向对方复述我听到的是什么,并询问对方,我的理解是否正确。尽管我们知道,表达者需要被训练,但作为接收者,同样也需要被训练。

### 作为"校验者",要重视校验沟通效果

在沟通时,我会经常自问:这样的交流,是否让每个人感到自在和舒服?沟通的过程中,大家是不是很喜悦?

通常情况下,我运用以下两种校验方式来优化沟通效果,确保对话的顺畅进行。

### 营造愉悦的交流环境

给予对方积极反馈,如认可其观点,适时地表达赞美,努力为对方创造

情绪上的正面体验。

### 留个美好的收尾

通过精心构思最后一句话，让对话在温馨或鼓舞人心的氛围中结束，这样美好的感觉，可以延续到下一次沟通情境里，自然顺畅地延续并重启对话。

这一校验方式不仅适用于工作交流，在日常生活中同样适用。

比如，有人问我，你的婚姻状态那么好，你对谈恋爱有什么建议呢？

我的建议是，分开的时候，不是吵架的状态。

## 共情式沟通

有人说自己很难做到共情式沟通，针对这种情况，你不妨问问自己：

### 我是不是真的把对方看得很重要？

很多时候，我们之所以难以共情，是源自内心深处的一种轻视或逃避。

想增强共情式沟通的能力，我们需要从根本上调整自己的心态，去重视并尊重每一个与我们交流的人。只有这样，我们才能打破内心的壁垒，以更加开放和包容的心态去倾听、去理解对方。

想要做好共情式沟通，需要做到两个关键点。

### 要感谢引发你情绪的人

当与人沟通时，你带入了自己的情绪，与他人产生共情，实际上这是你在正视自己的需求，你的负面情绪也由此得以释放与疏导。否则，这种情绪藏在身体里，如果你一直不认可它，忽略它的存在，它将对你产生反作用，甚至破坏力。

所以，应该由衷地去感谢那个引发你情绪的人，因为你在理解他的感受的同时，也觉察到了自己的潜在需求。那一刻，你被共情的力量"点亮"了，同样地，你也可以成为一盏"心灯"去点亮别人。

容易被别人影响情绪时，谨慎选择沟通者

并非每个非专业人士都有处理此类情绪波动的能力，有些人甚至会被对方带入情绪的"黑洞"里。所以，精心选择你的倾诉对象至关重要。这么做不仅是对自己负责，也是出于对他人的尊重与保护。

那么，怎样才能把共情式沟通正确运用到生活中呢？

于我而言，我首先会清晰界定自己当前的角色定位，以此为基础来倾听对方的需求。

如果我面对的是亲密伴侣，如我的太太，我会摒弃是非对错的评判，全心全意地感受她的情绪，因为在她面前，情感的共鸣远胜于逻辑分析。

如果我面对的是我的朋友，我会将情谊放在首位，无论是非黑白，我都会无条件地站在他这一边。

如果对方不是我的朋友，我会转而采取一种客观冷静的态度，带有理性分析的头脑去与他沟通。

如果我是对方的支持者，在他有情绪并亟待解决某个问题时，我会鼓励他，并与他并肩作战，一起去寻找解决方案。

良好的沟通，往往离不开对自我身份的准确把握。很多矛盾之所以发生，往往源于角色定位的模糊、混淆或错位，这才导致了双方在认知上的冲突。

因此，明确并坚守自己的沟通角色，是建立有效沟通、减少误解与冲突的关键所在。

## 高能量沟通

如果有一件事情，需要邀请"高势能"的人来助力，那我们就需要借势。这时候，我们要怎样和高势能的人沟通呢？

● **关系是关系，事情是事情**

借势，不是你个人与他直接合作，而是你代表的组织或团队与他合作。这个时候，你接近他，与他之间的沟通，都基于合作任务的维度，而不是你个人的立场。所以不要将关系与事情混为一谈。把事情做好之后，你与他关系的发展，就无关乎势能的高与低了，或许经过合作，你们已成为值得相互信赖的朋友。

● **有缘惜缘，无缘不攀缘**

从关系维度出发，你需要真诚地表达对对方的欣赏与尊重，即使其名望高不可攀，也无须刻意去攀附于他。

换个角度来看，在合作的过程中，你的努力大家也都看得到。你只需要在适当的时机展现自己的光芒，让他看到即可。当你需要他助力的时候，他自然会给予你支持与帮助。

● **好的沟通，"润物细无声"**

意识到沟通的价值，是与人积极沟通的前提。

无论是沟通的结果、对象，还是内容本身，只有它们对你而言具有重要性，你才会全身心投入，用心去倾听和表达，同时展现出高度的耐心和同理心，愿意给予对方充分的时间来表达自己。

理想的沟通状态，应该是润物细无声的，而不是追求短时间爆发的热烈与成效。而过度的沟通，是为了沟通而沟通，会给双方带来不必要的压力和负担。

以我的经验为例，在推广书籍时，我喜欢先把它打榜成功，再邀请别人助力，起到一个锦上添花的效果。在某种程度上，偶尔让别人雪中送炭没问题。但如果经常这样做，对方感觉到你的能力欠缺，需要依赖他的帮助，就会出现极大的沟通障碍。

在沟通过程中，我们还需注重信息的双向流动与持续反馈，不断调整沟通策略，以达到最佳效果。同时，通过多次有效的沟通，逐步积累信任与默契，形成沟通的叠加效应。

好的沟通，应该是润物细无声的。那么，在人际交往中，你遇到过哪些沟通的问题？你又是如何解决这些问题，以达成更好地交流的呢？

## ·如何处理工作中的弱关系·

在工作中，我们不难发现，许多人无法妥善处理人际关系，进而心生抱怨。针对这一现象，我认为是源于大家对工作的理解过于局限的缘故。

处理人际关系也是工作的一部分。如果你拓宽些视野，认识到合作的重要性，你就会有意识地去培养自己的团队合作精神与沟通技巧。当你在工作中建立更加健康、积极的关系时，你的职业生涯将越来越开阔，越来越顺畅。

### 情绪价值，关系中的软实力

以工作内容来划分，现代职场的工作者有三种劳动：

一是体力劳动，蓝领工作者要付出比较多；
二是脑力劳动，知识工作者要付出比较多；
三是我们容易忽略的情绪劳动，即要给他人提供情绪价值。

情绪劳动者的价值正变得越来越高，因为随着人工智能(AI)的不断发展，会出现以下两种趋势。

第一种趋势，体力劳动者将逐渐被机器取代；

**第二种趋势，仅有顶尖的脑力劳动者和知识工作者，才不会被淘汰。**

这种情况下，如果你资质平平，很有可能面临被取代的风险。**而成为情绪劳动者，才能处于不败之地。** 因为无论多先进的机器，都只能执行冷冰冰的指令和代码，无法传递出温暖人心的感觉。

在历史进程中，当人们的基本生活需求（如食物和衣物）尚未得到满足时，体力劳动和脑力劳动占主导地位。当这些基本需求得到满足，人们不愁吃穿，追求更高质量的生活体验时，情绪劳动的重要性便日益凸显。

从财富阶层和环境变化的角度来看，人们的需求是层层递进、不断升级的。比如，一旦经济状况改善，人们会更加重视情绪价值。因此，**能提供有效的情绪价值，是当代人际交往中一项不可或缺的能力。**

至于，如何成为一个情绪价值提供者，在此，我借用畅销书《你的水桶有多满？》里的观点：每个人都有自己隐形的"水桶"，积极的情绪可让水桶满溢，而负面的情绪则让水桶水干见底，所以，要时刻关注自己和周围人的"水桶"满不满。这也对应我之前说的，**独处时照顾好自己，相处时照顾好他人。**

当你开始关心周围环境和自身工作状态时，你的情绪敏感度会提升，相应地，提供情绪价值的能力也会增强，从而使你在与人沟通时更加畅通无阻。

正如王阳明所讲的"知行合一"，当你意识到工作关系的重要性并有意识地去培养与呵护时，你会从一个对他人漠不关心的人，变成一个自我照顾并关心他人的人。你会突然发现，**你生命中很多重要的人、重要的关系，都因你的改变而变得越来越美好。**

## 不同关系的处理方法

事务与关系，是工作的两大职责内容。这两者最大的不同在于，事务有完成与结束的一天，而关系的维护具有可持续性。所以，当你离开某个工作环境之后，仍有多少人愿意与你维持关系，这是校验你人际处理能力的一个重要标尺。

不同的工作关系，需要采取不同的处理方法，下面从不同维度提供具体的建议。

● **如何与不喜欢的人和谐相处？**

每个人都有自己的独特之处，你不喜欢他的某个方面，很可能正是其他人眼中的长处。因此，不妨转换视角，去 发掘你讨厌的人身上的优点。你会发现，每个人都有值得尊重和学习的地方。这种视角的转变，能让你更加宽容和理解他人。

● **如何与上级领导相处？**

你的上级之所以能身处领导地位，很大程度上是因为他能调动并利用比你更多的资源。因此，你需要明确自己的职场定位，全心全意地配合领导的工作，将你的上级领导和公司的整体利益置于个人需求之上。

我们也可以站在管理者的角度，甚至比他更高一阶的位置去思考问题。于他而言，你是他的得力助手，而不只是他执行任务的工具或附庸品。

● **如何建立互相滋养的团队？**

在当今这个信息高度透明的时代，作为领导者，你所接触的人群更加广泛，传递信息的能力也越来越强，你的一举一动都可能影响到更多的人。所以，你更需要在人前塑造自己的形象。

领导者和团队之间的关系，并非单方面的给予和庇护，而是相互滋养与成长。因此，在适当的时候，领导者需要袒露真实的自我，该示弱的时候，也要勇于示弱。

像我们做企业咨询案，在示弱方面，我们有很深刻的感受。

我们每个人都有自己无法独自完成的事情，因此协助与沟通至关重要。在之前的企业环境里，我们常常过于强调一个人的能力与优势，导致很多人不敢透露自己的弱点，担心这些弱点会成为别人"背刺"自己的把柄或短板。

然而，真正的团队合作需要建立在相互理解和接纳的基础上。通过示弱，我们可以更好地了解彼此，找到共同的痛点，从而更有效地协作解决问题。

我们在担任企业顾问时，会预先向老板提出两个关键问题。

问题一：如果后续我们发现公司的问题，根源在于您，您是否还坚持实施这个方案？

问题二：如果您期望取得良好成效，那么，很多环节都需要您的配合与示范。您是否同意接受这一要求？

在这个时代，要建立一个相互滋养的团队，一个优秀的领导者并非只能维持一个"高大上"的伟岸形象，而应该是一个整合者。他们需要承担最大的责任，能最高调地做事，也能保持最低的姿态。

## 发挥人才优势，管理高效团队

在工作中，想要利用人的特质来管理团队，首先要做到人岗匹配。要把合适的人才，安排在合适的岗位上，才可能产生预期的效果。

在团队互动中，要相信力量来自差异性。团队成员间不仅要相互了解，还需要加深理解，要有能力去接纳对方的不同，才能够做到取长补短，共同进步。

我曾亲历过一个令我很感动、感触至深的场景。

当时，我为一家公司提供咨询服务，在结束的环节，该公司的老板跟其中一个副总说："其实你也知道，我一直都不喜欢你，但我从来没有漠视过你对公司的贡献，我知道公司需要你。"

听完老板说的话之后，这位副总号啕大哭，令在场所有人都为之动容。

这种情形表明，尽管公司高管之间存在难以调和的分歧，但依然能够和谐共存。面对老板对自己的坦诚相告，这位副总再也无须担心自己因为不受老板的喜欢而枉费心力了。

因为他的努力被看见了：他的老板清楚地知道，公司需要他，离不开他。

有些领导过于重视自己的个人喜好，认为你再适合这个岗位，如果我不喜欢你，我就不会重用你，甚至会把对你的不满情绪展现在工作中，这对团队氛围是极其不利的。

因此，如同那位明智的老板一样，在日常工作中与团队成员融洽相处，在恰当的时机真诚地袒露心声，这样的做法是一种积极的互动方式，能加深与团队成员的相互理解，也能有效增强团队的凝聚力。

## ·家庭关系是终身学习的必修课·

当今的家庭形态已日趋多样化，关系的定义也不再局限于传统的框架，甚至有不少人认为，婚姻已不是人生的必选项，一个人也可以过得很好。我尤其佩服那些不愿将就的人，他们认为如果与人相处只会消耗自己，还不如独自生活。

但像我这样的普通人，在人生的某些时刻，难免会有情绪低落的时候。虽然凭借自己的力量，我们也能走出困境，但如果身边有一个人陪伴，或许能更快从消极的情绪里走出来，甚至能额外发现更多生活的意义。

山本耀司说，"自己"这个东西是看不见的，撞上一些别的什么，反弹回来，才会了解"自己"。当我们看不到自己的时候，需要从他人那里看到，是需要有回应的。满足自我的需要，这也是我们需要一段关系最基本的原因。

我们要学会经营关系。尤其是家庭关系，需要我们用心经营，用行动去呵护。我们和另一半之所以能长久走下去，并不取决于是否彼此相爱，而是在于双方持续经营关系的能力。

被爱滋养是一种美好的状态和结果，但我们拥有爱和培养爱的能力，是一个主动的选择。

## 夫妻是"换命"的关系

人生有不同的阶段，每个阶段可能不同人的倾向性排序不一样。有些人在某一阶段，可能将家庭视为生命中微不足道的一环，宁愿没有家庭，也不能没有事业。我并不认为这样有什么不对，但我相信，无论你的事业多么成功，若未曾体验过家庭的幸福滋味，无疑是一种遗憾。

我认为，无论是工作关系还是朋友关系，抑或是我们与外在世界的联结，它们固然在人生的不同阶段扮演着重要的角色，但家庭关系始终是那根最坚韧的纽带，它如同人生的港湾，无论外界风雨如何，都能给予我们最坚实的依靠和最温暖的慰藉。

家庭与爱情不一样，爱情充满了不确定性，而家庭是一个相对稳定的存在。信任和情感都需要时间去积累。在亲密关系中，一开始总会有需要磨合的地方，但随着时间的推移，双方的情感会不断加深，彼此交融。只有产生了默契和共鸣，关系才会更稳固，也更长久。

夫妻之间类似于"换命"的关系，两人福祸相倚、互助互荣，是命运相系的共同体。两者如果有任何的不一致，都会导致关系的失衡。因此，伴侣之间，还需要建立一种相互滋养的关系。要相信，我们在家庭中投入的每一分精力、每一分钱，都不是浪费的，都是值得的。

有人说，我很幸运，能从家庭中得到滋养。但总有一些人没有那么幸运，我想对这类尚未感受过家庭幸福的人说：

幸福其实离你并不遥远。即使你过去未曾拥有理想的家庭关系，只要你执着于追求幸福，那么你未来就必定是一个幸福的人。

因为，你决定要成为什么人，比你是谁、过去经历了什么更重要。

## 以合伙人思维，解决家庭矛盾

在家庭中，出现矛盾与冲突是在所难免的。家庭关系是依靠感性的情感维系的，但遇到矛盾时，我们可以从"家庭合伙人"的角度，以理性的思维来冷静处理冲突。

以下是我解决家庭矛盾时，经常采取的三个有效方法。

首先，不要被"矛盾"这个词所束缚。

试着将其视为差异点，罗列出类似于 A 或 B 这样有趣的代号，来代表不同的观点。比如，不是小晔（我太太）、海峰怎样，而是 A 或 B 的观点怎样。当我们去掉个体的名字，专注于观点本身时，我们会发现更多的选择与可能性。

其次，集思广益，搜集更多的观点。

思考一下，除了 A 和 B 这两个观点，还有没有其他观点存在？在这个过程中，我们可能会从最初的"敌对方"转变为"战友"，因为我们共同的目标，是找到更多的解决方案，而不仅仅是站在自己的立场上。

最后，明确谁为这件事情负责，并决定由谁来拍板。

我们列出所有能想到的方案后，接下来就是对这些方案进行排序和选择。

我们家的基本资金，我太太说了算。但对于除此之外的开支，如额外购买车辆、钢琴或其他物品，我有表达意见的权利，并且我们可以一起商量。

如果家里的这部分事务是她负责的，那么她要承担最后的结果，我会给予她充分的信任和支持，不会进行无谓的指责。

这样，家庭分工越明确，做决策时越高效，关系越和谐。

## 建立相互滋养的家庭关系

想要建立相互滋养的家庭关系，我认为摆正心态至关重要。我们不应将伴侣对自己的好视为理所当然，应怀有感恩之心，珍惜并感激对方的每一分付出，因为彼此真心的付出是千金难买的。

除此之外，还要保持持续的投入与努力。双方都需要不断为这段关系注入活力，通过沟通、理解和支持，共同维护和促进这段关系的健康成长。

以我自己的家庭关系为例：

在家中，我太太和小朋友都很爱我，甚至我家阿姨都对我关怀备至。为了回应这份温情，我会刻意做一些具有仪式感的举动，来确保自己对家庭能有固定的付出。比如，每周六的早晨，我会让阿姨休息，我去买早餐。我会提前一天询问好家里人想吃什么，然后一一买回来。即便当天有狂风大雨，我也会坚持亲自去买。

有时我搭乘晚班机，凌晨两三点才到家。即便如此，我也会早早起床去买早餐，因为我家有一对龙凤胎，加上我太太，每个人的口味都不同，需要跑好几个地方去买。

我儿子特别懂事，他会说妈妈和妹妹吃什么，我跟她们吃一样的就好了。

我发现了这一点之后，每次都会第一个先问我儿子吃什么，绝对不能让他吃亏。这样做也是想让孩子们看到，爸爸是愿意付出的，对他们的爱是平等的。

阿姨有时会说她去买早餐就行，但我觉得作为家庭的一员，我必须找机会亲身参与这些日常琐事，不能仅仅因为赚钱就忽视了这些。

其实，有些小事看似微不足道，但我们用心去做了，就能确保自己在家庭关系中有真正投入，这才是至关重要的。

在家庭关系中，当你不断地投入，感受到美好时，你的家庭成员也会在投入中得到正向反馈。大家齐心协力，都在不断地给予爱，用心经营彼此的关系，最终会汇聚成一个充满爱的和谐氛围。而如果你总是想着从中索取，忽略了付出的必要性，就无法真正体验到这份美好。

我一直坚信，人生最美妙的经历之一，便是深切感受到家庭给予的滋养。你不妨问问自己，你的家庭关系是怎样的模式，是否让你感受到了那份温暖的滋养？

## ·幸福感是关系发展的原动力·

在人际关系中，有些人与人相处时会感到不舒服，甚至很痛苦，而有些人与人相处时却容易产生幸福感。我属于后者。如果一个人能感觉到幸福，至少说明他的关系状态是积极的。

反之，如果一个人在关系中感到痛苦，这意味着他本身就排斥这段关系，只是把关系当成达成目标的手段。那么，不管他多么用心地经营关系，都会想当然地认为，只要我在关系中付出了，就理应得到相应的回报。一旦目的没有达成，过程又不开心时，他自然就会感到痛苦，甚至因此而放弃这段关系。

人生的真正体验在于过程，这是我们应当关注的重点。所以，在人际关系中，我们也要学会享受相处的过程，减少对结果的过分期待。

### 关系的三个层级

在我看来，关系是分层级的，主要可划分为以下三个层级。

第一个层级：沟通顺畅。

沟通，意味着有交流、有反馈、有理解。通过沟通，我们能够解决问题，做成事情，达成目标。

**第二个层级：相处愉悦。**

好的关系会令人感到愉悦，双方都能从中获得满足。通过沟通，不仅事情得以顺利完成，而且在处理过程中没有给对方造成任何障碍，整个过程是愉悦且舒适的。

**第三个层级：体现创造力。**

在相处过程中，双方都有良好的体验，一起创造了惊喜，感受到了喜悦，这种体验甚至超越了结果本身。

所以，幸福感是从基本的沟通满足到过程的舒适愉悦，再在创造中升华，它属于创造喜悦所带来的结果。这不仅适用于家庭关系，在企业的结构和公众关系中同样适用。

以此类推，幸福感也可划分为三个层级。

**第一个层级：自我照顾。**

我们建立关系的初衷往往源于对自我关怀的需求。我们渴望通过关系来善待自己，满足内心的需求。

**第二个层级：照顾他人。**

喜悦的产生往往源于我们不仅能够照顾好自己，还愿意并能够照顾好他人，这种超越自我的行为，能给我们带来更深层次的满足与快乐。

**第三个层级：照顾世界。**

这是最高层次的幸福感。我们不仅能够照顾好自己和他人，更能将小爱升华到大爱，我们可以创造和贡献，为这个世界增添价值。

## 与他人产生联结，会带来幸福感

我一直坚信，与他人建立联结能带来幸福感。当我遇到自己不擅长的事情，向别人求助时，如果他人给予积极的反馈，告诉我如何做得更好，这个时候我会感受到强烈的幸福感。

我感恩生命中那些与我建立关系的人，因为他们的参与让我的人生变得更美好，让许多事情都有了正向的结果。每当想到他们，我的内心就充满了幸福感。

但我不会止步于此，而是会继续努力，让他们的贡献变得有价值，从而形成一个良好的互动循环，让所有人都能从中获益更多。

在我们的社群中，有一位小学美术老师，她擅长画插画，会帮我们画头像。我们社群有一个习惯，即重视每一位创作者的署名权。比如，有人给我们制作了PPT，我们会注明PPT的创作者；有人画了插画，我们会备注插画的来源；有人设计了知识小卡，我们也会给他署名。

通过这种方式，在传播内容的同时，创作者也得到了相应的曝光度。当有人询问作者信息时，我们会推送其名片，促成他们之间的联结。

这位美术老师一开始是免费帮大家画头像，她的才华得到了大家的认可。随着询问她的人越来越多，我们就建议说，既然有这么多人找你，你可以给自己的服务标一个合理的价格。

事实证明，这个建议非常有效，她一路画、一路涨价，现在她的业务已经多得接不过来了。

我一直认为，在一个资源充足的群体里，只要全心全意地付出，便会收获丰厚的回报。而幸福感不只来自他人对你的给予，更重要的是，你在与他人相处的过程中取得了进步，彼此都变得更好。

真正的幸福与成长，来自激发更多人的潜能，让彼此都成为推动社会进步的力量。这也是我做社群的巨大原动力所在。我做事情的底层原动力是幸福感，而不在于开班多少、招生多少、利润多少。我们不会因某个时期的困难或挑战，就否定社群的价值。因为大家聚在一起，分享照片，享受欢乐时光，本身就是一种美好。

我身边的人，有的在公域展现自我，有的在私域消耗自己去成就他人，还有的在他域成就自己的同时也成就他人。当我们让他人的成就源源不断时，我们自身也在不断成长，不断获得成就。这就是利他的最高境界。

在人际关系中追求更高层次的幸福感，是一个循序渐进的过程。

很多人在同一时间内可以做很多事情，关键在于怎样平衡和分配精力与资源。如果你认为只有变得足够强大，才能成为他人的贵人，你已经陷入了误区。事实上，这与你能力大小并无直接关系，更多的是取决于你是否具备这种意识。

很多时候，我们只需要简单地牵线搭桥，帮助两个人或两个团队完成某项任务，就能获得巨大的幸福感。

假如当你觉得哪个团队非常优秀，并把这个团队介绍给其他人时，你就已经成为这个团队的贵人了。这并不是因为你能力比他们强，而是因为你有了分享和推荐的意识。

有些人可能会狭隘地认为，做这种得不到直接好处的事情不会产生幸福感，甚至还会觉得自己吃亏了。但当你具备差异思维，不再仅仅为了个人的利益而行动，而是站在更高的维度去理解幸福，将整个生态纳入考量时，你会发现，你所追求的更高级的幸福感其实一直围绕在自己身边，只是你从未意识到而已。

那么，有没有这样一件事，因你而起，虽然没给你带来利益，但依然让你幸福感满满？

# PART 4

## 向上学习,成为自己的贵人

### 让他人主动与你合作
建立轻合伙的关系

### 识别对方需求
高价值的联结

价值与财富的关系

## ·价值与财富的关系·

价值,这个看似抽象的概念,实则存在于我们生活的方方面面。它不仅体现在物质层面,还体现在精神、情感、知识等多个维度。当我们谈论价值时,实际上是在谈论一种能够满足他人需求、解决他人问题的能力。这种能力,正是创造财富的源泉。

关系是基于价值的互换,而非价格的互换。

从内在逻辑上看,只要商品的价值足够大,价格通常不会成为交易的主要障碍。当某件物品难以售出高价,大概率是因为其内在的价值关系没有构建。

从长远来看,只要你做的事情具备真正的价值,财富的积累便是水到渠成的事。因此,好的关系是创造财富的基石,只要有好的关系,就有潜力创造和积累财富。

### 价值的三个层级

● **价值的互换:相互滋养,共同创造**

很多人并非不能创造价值,而是不擅长通过关系来更有效地放大价值。

关系是价值的互换,但互换存在几种不同的形式:一种是互换价值之后,双方都觉得亏了,导致关系恶化,形成双输局面。另一种是经过价值互换,双方能一起创造出更多的价值。在这一过程中，舍弃了个人部分诉求，获取了自己必要的资源，从而建立起良好的关系。

与传统意义上的关系不同，交易关系遵循着更为明确的客观标准。交易的历史可以追溯到最初以物换物的时期，而货币的发明，为后来的交易活动提供了一个统一且客观的衡量尺度。

但关系不是简单地以物换物，它体现在如何让对方在交换价值的过程中得到更大的益处。与人建立高质量关系的核心要素，是一起创造更大的价值。

社会之所以发展，也是得益于关系在交换过程中不断创造价值。因此，好的关系是相互滋养，是促使双方共同创造更高的价值。

### ● 价值的联结：长久关系，持续创造

我认为，关系不仅是价值的互换，还是价值的联结。很多人只关注了价值互换的短期价值，而忽略了时间的变量，仅仅满足于即时的交换——我得到我想要的，你得到你想要的。不论结果是好是坏，只求双方得失相抵。实际上，我认为它具有动态的创造性。

一般而言，我们在关系中会习惯性地相互博弈，得失相抵，导致"零和"的结果。如果我们单从个人利益角度出发，就会出现你有我无、你多我少的局面。但当双方能够共同创造价值时，同样的一件事情，双方都赢了，彼此都获益，这便是一个有价值联结的高质量关系。

价值的联结是动态的，它增加了时间的变量。不仅包括短期的单次交换，也可以是长期的累积效应。而价值的创造，增加了实现结果的可能性。所以，优秀的人能认识到价值之间的交互联结；卓越的人能洞察到价值的创造；而普通的人，只能觉察到价值的交换。

或者，我们可以将这个概念再理解得具象一些。譬如，一开始我们的交换关系是销售与顾客的关系，完成一笔交易之后，关系就告一段落了。但当这种关系转变为价值的联结时，我们就变成朋友了。

如果我们将目光放长远，就不会在意一时的得失，甚至有时候会更愿意主动示好，哪怕一开始先吃点亏都无所谓。因为我们都明白，生意或交易可能是一时的，建立的关系却可以是长久的。我们应更在乎这种持续性的价值，而不仅仅是着眼于眼前的短期利益。

- **价值的创造：互为贵人，带来机遇**

价值的联结让我们成为朋友，而价值的创造会让我们成为彼此的贵人。真正的贵人关系，是可以实现价值的互相增长，可以创造更高阶的财富的。

若我们仅仅是客户关系，价格自然成为交易的核心。但如果我们是朋友关系，我不会在乎一时利益的多少，当然，如果你持续让我吃亏，那也不配称呼为朋友。

作为朋友，在进行价值交换时，双方都会有意识地不让对方吃亏。一般是今天你帮了我，明天反过来我来帮你。彼此会形成默契，有付出，就立刻有回报。所以，作为一个好的顾客、好的价值交换对象也是如此，会尽量公平公正地进行价值互换。

但还有一种朋友关系，是今天我帮了你一个大忙，你先欠着我，不必急着还。下次你再帮我一个更大的忙，变成我欠了你更大的人情。这样，我们之间就形成了一种互相亏欠，却又不斤斤计较的关系。

与这类朋友互动时，我有一个特别的沟通技巧，可加深彼此间的信任，使关系升级。比如，当对方欠着我的人情未还，无法释怀，与他见面时我一般会这样说：

我现在帮了你，你要欣然接受，因为所有我帮过忙的人，都对自己很有信心，认为未来他也会帮到我。我也认为你以后一定能帮到我。我对你都这么有信心，你怎么可以对我没信心？难道咱们不是朋友了吗？

我说完这句话，那些原本心怀歉疚感的人，马上就释然了。这样，就把一般的价值交换关系，变成了可持续维系的朋友关系。

实际上，不少人都有价值交换的误区。他们不好意思亏欠别人，也不愿意让别人欠自己。而真正成功的企业家并不会这样。他们不会因欠贷款而感到不安，反而认为这是理所当然的。产业规模越大的企业家，欠的债越多，因为他们在积极争取价值创造。他们通过推动企业上市、进行股权融资，让资金流向更有效率的领域，让生产资源也得到了更有效的配置。

企业家敢于提出自己的价值愿景和梦想，比如"我要探索火星、拯救人类""我要让天下没有难做的生意"，尽管听起来可能像天方夜谭，但实际上他们是在进行价值创造。高质量关系的核心，就在于这种价值的创造。

从另一个角度来看，资源总会流向那些创造者，而不是空谈者。若我们关系的本质仅仅是一次价值的交换，那么社会就无法进步，GDP将是零增长，更不可能有任何创新产生。因为，只有当关系有联结、有创造时，社会才会进步，我们才能拥有更多的新机遇。

## 价值的联结：情感互动，建立深度关系

价值的联结，是通过与人建立联系来实现的。价值的联结比单纯的价值交换更有温度，它是更深层次的关系互动。

在价值的交换中，你是独立的个体，我也是独立的个体；而价值的联结，则体现在我在乎你，我们一起创造价值。

举例来说，当我们需要与他人互动时，如果只是单纯地传递自己想表达的信息，这仅仅是一种联系。比如，我告诉你某件事情，或者只是给你传达某个通知，这都是属于联系的范畴。而联结则意味着我不仅仅关注信息本身，更关心你这个人，更关心你的感受，会愿意询问你的意见。

我们每次开培训班，在发通知信息时，都会特别提醒那些负责助推这个班级的学长（姐），当你把这个信息传递给别人时，不要仅仅停留在传递信息的层面，而是要尝试与对方建立价值联结。

简单来说，常规的做法是直接告诉大家：

开班了，我们来通知一下大家。

而稍微好一点的方式，是从对方的角度出发，说：

开班了，欢迎学长学姐免费复训！

第一句，仍然停留在传递信息的层面；第二句，不仅传递了信息，还为对方增加了实际益处。

如果可以，我们希望它能产生更有针对性的联结作用，不仅要传递信息，更要关注对方的感受和需求，与其建立起真正的情感联系。

比如，在将信息发出去之前，先把对方的朋友圈浏览一遍，再回想一下我们共同参与的群组，之前发生过什么故事，然后带着关怀的心态去了解这个人最近的状况，而不是急于发送信息，像投递邮件那样匆匆了事。

现在很多联系更像是完成任务，急于派发邮件，派完去赶下一程。联结则是我站在你面前，注视着你，关心你的近况。问：

你还好吗？最近怎样？下一步想去哪里？我可以为你做些什么？

联系仅仅是信息的传递，联结则能加深彼此的关系。

## 价值联结的误区

谈及价值联结，需要避免的常见误区有以下三个。

第一个误区，忽视价值联结，难以建立"强关系"。

如果你没意识到价值联结的重要性，没做好充分准备，仅期望在关系中浅尝辄止，恐怕连基本的价值交换都难以达成，更不用说建立有价值的联结了。

第二个误区，无视认知或境界不同，盲目联结。

尽管我们强调联结的价值与创造力，但并非所有人或事物都能随意联结。价值联结往往需要具备一些前提条件，比如，明确的共同目标、技能的互补、良好的沟通能力，或是同区域位置、同时间等因素的契合，等等。

第三个误区，实力不均，忽视自我发展。

当联结双方实力不均时，可能会出现主次之分或强弱对比。此时，要意识到竞争的目的不是打败对手，是发展自己。因此，我们不必过分在意对方的财富增量是否超过自己，而是要看到，因为关系的存在，比你孤立无援时获得了更多的收益，实现了更大的发展。

毫无疑问，你对人际关系价值的理解程度，决定了你在社会层级中的位置。不妨问问自己，你目前处于哪个价值层级？为了让自己价值进阶，你做好了哪些准备？

## ·识别对方需求·

### 识别对方需求是一种自我修炼

在与人建立关系时,我们常常由于难以迅速捕捉到对方内心深处的真实需求,而让沟通变得困难重重,还可能因此而错失建立深厚关系、实现共赢合作的机会。

快速识别对方的需求,不仅需要沟通的技巧,更是社交智慧的体现。

想象一下,当你走进一家甜品店,面对琳琅满目的饮品和甜点,因为选择困难而犹豫不决时,如果有一位店员能敏锐地捕捉到你的眼神和表情,主动推荐一款符合你口味的甜点,你是否会感到惊喜和满意?这就是快速识别并满足对方需求的力量。

当我们无法快速识别对方需求而造成沟通障碍时,可能存在以下三个问题:

**对对方缺乏了解**

如果你不了解对方,那么即使你拥有再强的共情力,也难以做到真正快速地发掘对方的真实需求。

**缺乏练习的习惯**

通常来说,经常练习沟通技巧,且擅长进行换位思考的人,往往更容易理解他人,识别对方的潜在需求。

### 缺乏灵动性

有时候，你恰好切中对方的需求，这或许是出于运气。但更重要的是，你需要保持开放的心态，随时准备灵活调整自己的沟通方式。

我们的学员经常遇到一个具体的问题，即如何识别DISC四种行为风格。其实，最有效的方式是借助理论知识和过往经验进行"一刀切"。识别出来马上"切"进去，就刚好有效。但现实生活中，若识别错误，这个策略可能就失效了，但不要慌，你还有"三把刀"可以用。

**第一把刀：详细调研对方的资料，深入了解其需求。**

这不仅仅是收集信息，更是对对方的重视。

**第二把刀：从对方的角度思考，经常性地进行换位思考训练。**

这种训练，不仅能提升沟通技巧，还能转变心态。当我们能设身处地地站在对方角度去考虑问题时，就能精准地感受到对方的情绪和需求。

**第三把刀：准备一个灵活的"工具箱"，及时查漏补缺，并且修正社交策略。**

这里的灵活，属于个人的自我修炼；而这个"工具箱"，是你自我修炼的结果，包含你在不同情境下应对问题的各种方法和技巧。

以上这"三把刀"是为了更快、更精准地洞察他人需求，是我们需要做的三门功课。但我们在实际运用时，还有一些需要注意的关键点。

**与人建立关系，需要重视对方，要展现真诚与尊重；**

**在了解对方之后，你需要深入研究自己；**

**在你与对方互动的过程中，要灵活运用你的"工具箱"。**

换位思考，实际上是自我的一种修炼。了解对方就是全身心地关注对方，去解决对方的问题。与人互动时要灵活、灵动，要时刻带着"工具"上路。

## 建立测评"数据库"，精准识别需求

在观察别人的时候，人们往往会带入自己的主观情感，从而难以看清事情的全貌。这个问题，对大多数人来说，都是不可避免的。

所以说，一个好的管理者，并非没有情绪，而是能够不被情绪所左右。一个好的观察者，并非没有偏差，而是总有能力去修正自己的偏差。

修正偏差的方法有很多种，而越了解自己的倾向性，就越知道如何去纠正它。

想要全面地了解一个人，不要只依赖过于主观的观察，而是要多吸收他的看法，以获得更全面的视角。更好的办法，是让对方多表达，这样往往能直接了解他的真实想法。

如果对方不说或不方便说，那么你的数据库里，应该储备一些与对方类似的人的信息，以便通过类比来推测对方的想法。

我经营软件公司时，有一个特别大的优势，是我们可以将所有管理干部的性格测评结果做分类。我们掌握着广州和上海一些管理者的测评数据。而我也总能在我其他的朋友群里，找到与他们类似的人。

当面临重要决策，需要与他们沟通时，由于我与他们只是同事关系，所以他们的信任度没有那么高，会有一定的防备心理，我不一定能听得到他们的真实想法。这时，我就可以利用这个数据库，找到相似的人进行类比，以便更好地了解他们的想法。

当时我们公司想在新加坡上市，上市完成之后我就退居二线了。那时，我觉得陪伴家人很重要。因为我家在广州，这家软件公司在上海，我便从上海回到了广州。我走到哪里，总部就会随之搬迁到哪里。但有两位高管却表示不愿意，我招聘的员工中，也有很多人都很看重家庭，他们都不愿意频繁调动。

因此，我面临了两个问题。以前上海是总部所在地，上海总部的高管，会降职为分公司高管，而广州的高管则会从分公司高管晋升为总部的高管。后者问题不大，大家都比较接受和配合，而前者却让我有些担忧。

我必须考虑一个问题：职位变动后，他们产生不稳定的想法，想要离职怎么办？

常规方法是直接与之聊天。我有一个秘诀是，我会找到一个性格特质与他相似的朋友，然后我会想象，如果我这位朋友是那位高管，我怎么和他聊，才能让他留下来的概率更高。因为我无论多客观，都无法完全代入那位高管的角色，但是这个和他性格相似的朋友可以。

这一识人技巧不仅在工作中适用，在生活里也同样适用：

我太太在广州一家公司做总监时，她的助理彭杰是一个非常优秀的女孩。后来我做软件公司，她就成了我的助理。我们不仅是同事，也是朋友的关系，她还做了我与我太太结婚时的伴娘。

最有趣的事情出现了，她与我太太的风格测评结果极其相似。

由于每年所有节日我都要给我太太送礼物，对我来说，挑礼物是极其痛苦的一件事。小彭是我的救星,我每次都会问她:"我打算给小眸送礼物,你给我一点建议吧!"甚至,有时我在外地,会提前很多天让她给我出几个方案。

之所以小彭是一个最合适帮我挑礼物的人选,是因为首先,她对我太太足够了解;其次,她们的性格特质很像。

后来,我在做国有大型企业管理团队的咨询案时,都会帮这些老总建立数据库。我们用了一些科学的工具对每个人进行了性格分类。真正厉害的人,脑海里已经形成了模型,一看就知道你与他们熟悉的某个下属或同事的性格比较像,然后就根据之前的互动经验来与你互动。

我每次做完咨询,那些老总都特别感谢我,因为我帮他们建立了一个数据库。这个数据库帮他们避免了极度主观的判断。

人是可以分类的,人的需求也可以分类。我们常常说,人与人是不同的,但人与人之间也有相似性。我们把这些相似性找出来,就有了应对之策。

## 深度洞悉个性特点,快速识别需求

想要快速识别他人需求,需要具备两个关键层级的能力。

第一个层级,你能够敏锐地察觉到人与人的不同之处,并有能力向对方传递出"你在我眼中是独一无二的"这一信息,以此增加对方内在的力量。

第二个层级,你不仅要有能力向对方传递出"我懂你"的信息,还要让对方看到还有其他可能性。因为人一旦感受到有人真正理解自己,就更愿意打开自己,去探索更多发展的可能。

这两个层级是非常核心的能力。你一旦掌握了这两种能力，就能够快速识别对方的需求，创建更多的关系。

一个人无法识别另一个人的真实需求，很可能是因为他没有将对方当作一个独立的个体来深入研究，而是沉浸在自己的主观世界中。这样一来，他就不清楚自己可以为对方提供什么价值，也不知道该怎么找到正确的方向。

在这里，我想通过我们的故事，让大家看到在识别他人需求的时候，应该进行哪些练习。

每当我们的助推学长（姐）回来复训，他们都需要带7个新生。

我们会给学长（姐）布置一项特别的任务：大家一起吃饭时，在别人发言前，要自己先开口。让他们分享自己在翻看朋友圈时，对每个新生产生了怎样的印象，以及听课的时候对某个人记笔记的详细程度的感受，等等。

我们会鼓励每个助推学长（姐）直接向对方传递一个信息：你在我眼里，与别人不一样。

一旦学长（姐）掌握了这项技能，我们就会要求他们在自己的公司里进行类似的练习。我们的核心理念是：你在 DISC 社群所学的每一项技能，都能在你的工作和生活中得到应用。

如果你是一位管理者，当你有能力向对方传递出"你在我眼里与全世界都不一样"的信息时，你在公司里就是一位充满个人魅力的领导。

你还可以将工作和生活里最重要的人列个名单，并邀请大家一起聚餐。让每个人都说出一句对方在自己眼里的与众不同之处，并重点阐述。

在公司内部，我们会对管理干部进行定期考核。

我之前工作的某家公司，每年都会举办尾牙①干部聚会。

我的身份是董事长秘书，会走到每一桌前，一一考核干部："之前没有那么多时间了解大家，麻烦你介绍一下你旁边这位同事。"

如果他只是简单地介绍职位，而没有讲出这个人的个性特点，我就会指出他的问题，提醒他要注意。在董事会层面，如果一个干部能够准确地描述出每个人的不同，那么他就有很大的晋升机会。

第一年，很多干部都感到尴尬，因为大部分人没有经过这样的训练。但到了第二年，他们就能全部熟练地介绍彼此，因为他们提前半年就开始这样的练习了。这种理念也传递给了他们的下属，形成了一个良好的循环。

我的管理理念是，作为领导者，除了给员工发放薪水，更重要的是，要让他们在公司里得到能力上的提升，离开公司后在社会上更具竞争力。

同样地，作为培训师，我也希望每个学生都能在我的课堂上得到成长，哪怕有一天公司不在了，他们依然会感激我、尊重我。我通过一系列的训练体系，让我们所有的干部哪怕离开公司，依然是一个具有人格魅力的领导。

---

① 尾牙：我国东南沿海地区的民间传统节日，源于拜祭土地公的仪式，后逐渐演变成企业在年终酬谢员工的重要聚会，一般用来总结全年的工作、宣布重要的决定、发放年终奖金等。

## ·向上学习，成为自己的贵人·

### 贵人四段论

我在运营社群时，曾提出"贵人四段论"：

做自己的贵人；遇到自己的贵人；努力成为别人的贵人；激发更多人成为彼此的贵人。

前三个阶段是个人的发展阶段，而最后一个阶段，则是我自己在运营社群时的一个深刻感悟。

第一个阶段：做自己的贵人。

天助自助者。只有当我们自身有价值时，才能与他人建立良好的关系。

无论是价值交换、价值联结还是价值创造，我们得发掘自身的潜力与价值，先做自己的贵人。与其外求，不如内求。只有这样，我们才能成为关系的主体，才能与他人建立真正高质量的关系。

什么叫"做自己的贵人"？就是让自己的能力提升。对于应届毕业生，我们通常会建议他们常问自己：我每年有没有提升30%的能力？什么时候会达到这个阶段？

当我们从不会到会，进步非常快时，就已经迈出了做自己的贵人的第一步。

**第二个阶段：遇到自己的贵人。**

当我们已经具备了一定的能力，就需要去寻找我们的贵人了。

我们要勇于走出自己的舒适区，去遇见更多的人。比如PPT领域的高收入者，他们之所以会选择加入我们的团队，是因为他们发现，在我们的圈子里，他们能找到更高价值的客户。所以，你想努力遇到你的贵人，其实只要切换你的圈子即可，哪怕能力上没有显著提升，也可以在收入上得到巨大提升。

在这个阶段，我们的校验标准是，你**每年有没有增加30%的收入？**如果你每年没有增加30%的收入，大概率是你遇到的贵人不够多，导致你所处的人际圈子不够好。

**第三个阶段：努力成为别人的贵人。**

一个人的能力提升会遇到瓶颈，这时他需要换圈子来寻求新的突破。但是你想换圈子，没有办法无限制地往上换。因为某些圈子，受限于个人努力之外的背景因素，很难进一步跨越。这个时候，你应当转而关注你自身影响力的提升，尽可能地去帮助他人，**努力成为他人生命中的贵人。**

**真正的人脉，是你能帮到的人，而不是帮到你的人。**通过这些人脉，你创造的是影响力，而不是直接的金钱数字。一旦你的影响力提升了，就能向上"辐射"。

**能力和金钱都是可以超越的，个人影响力却难以被复制、被超越。**

在这个阶段，你应该摒弃那些虚妄的向上社交，转而专注于提升自己的影响力。当影响力增加时，你会实现能量级的全方位提升。因此，你要多关注自己能帮到多少人，因为你帮助的人越多，你的影响力就越大。

**第四个阶段：激发更多人成为彼此的贵人。**

我在运营社群的过程中，发现大家能够互相帮助时，整个社群就会变得更加活跃和积极。我以前可能只是在传授"术"，专注于提升学员的能力，而现在，我更愿意去打破认知，传授"心法"，告诉他，你要加入相关的圈子，去提高自己的影响力。

慢慢地，我领悟了"道"的作用力，道是一种更具有激励性的力量。这个时候，我不再执着于我能帮到多少人，而是更在意我们大家在一起能为这个世界创造多少价值。

在这个阶段，我也不再只关注影响力的提升，而是更关注每年能否实现增长30%的价值。这也是我对新模型、新事物充满热情的原因，因为我想创造更多的价值，让更多的人受益。

就像我们团队运营的"金句之书"项目，虽然它并不赚钱，但它创造了一种全新的出版形式，将200多人的信息整合在一起，把书变成了一种交流的工具。

目前这200多人之间的关系十分融洽，且已经形成了自行运作的良性循环。这种价值，是金钱无法衡量的，也因此吸引了更多的人去阅读这本书。

## 与贵人相处，让创造自然发生

在遇见贵人时，我们往往因为担心自己的利益诉求得不到回应而犹豫不决。我建议大家先把自己的利益诉求放在一边，转而真诚地表达对他人的欣赏，如果此时还得不到回应也没关系。

如同那句"我爱你，与你无关"，我们能以这种坦然的心态，去爱人，去欣赏他人，却不求对方的回应，哪怕最终没有与其建立关系，也不会感到失落，也会收获内心的满足和成长。

有人认为，若想要长期维护自己与贵人的关系，就不要只停留在价值联结的层面，更需要晋级到价值创造。当你具有这个意识时，就需要刻意为之，时刻关注你的贵人的需求是什么，哪几个贵人能给你带来影响和帮助。

我认为，人与人之间的关系应是自然而然的，该创造时就创造，该联结时就联结。我们人生的每个阶段，都会遇见不同的贵人，一旦你为了刻意维护关系而去做一些不自然的事情，反而会干扰到对方，使对方感到有压力，对关系也会产生负面效应。

关系是流动的。在某一阶段，你可能会遇见新的专业人才，他们会给你带来新的创意或创造机会。有条件，你就积极地创造；若条件不允许，顺其自然就好。重要的是，你要有这个心，有这个信念。当你做出了正确的选择和努力，贵人就会涌现出来。

常规定义里的"贵人"，是指那些能够帮助你的人。至于他什么时候出现，在何处能帮到你，有时你并不清楚。所以，你需要充分展示自己的需求和真诚，随时做好与贵人相遇的准备。

同时，养成分享的习惯，也是维护关系的一个重要方面。

保持分享的习惯，有三个好处：一是可以整理自己，提升自己的能力；二是可以启发他人，成为他人的贵人；三是可以通过分享，获得更多的帮助。

因此，我们应养成分享的习惯，不要执着于与某一个特定的贵人分享。否则，它就会变成一个工具。我们要从自身的角度出发，做更多的展示，更多地把自己的价值告诉世界——向"宇宙"下订单，而不是向贵人下订单。

除此之外，我们还需要系统地去表达需求。

因为，贵人不是为你而来，是为一件更大的事、获得更大的价值而来。

当你立志要成就一番大事，致力于创造更大的价值时，贵人就会纷至沓来。

## ·让他人主动与你合作·

想吸引他人来与你合作，你需要创造让对方推荐你的机会，而非仅仅等待被推荐。

你需要把对方排在第一序位，合作时应秉持平常心，避免一味索取的低微姿态。此外，还需要创造更好的机会，通过积极贡献，展现给予的力量。当对方的成就与你贡献的力量息息相关时，他们自然愿意与你并肩前行。

### "给"比"求"更有力量

我们每年都会统计当当年度影响力作家，起初，不经意间统计出了众多的优秀上榜作家。面对这一结果，我非常高兴。我从 2015 年起开始运营图书项目，至今积累了许多优秀的作家资源。我很幸运，和时间成了朋友。

每当总结或分享这些成果时，我都有点心虚，因为我并不想躺在"缘分"或"运气"的功劳簿上，我会不断鞭策自己去做更多的事情。

虽然我不能决定哪位作者最终会成为当当年度影响力作家，但我不必等到成果显现时才去摘取胜利的果实，或只等待去聚光灯下与他们合影，而是可以选择更早地介入，更积极地参与和推动他们榜上有名。

所以，每年的评选活动启动之后，我都会做几件事：

我会主动告知所有人，鼓励他们进行申报；

名单公布后，我会积极主动地和上榜者交流，分享我的经验和心得；

对于名单中我认为有潜力的作者，我会主动伸出援手，花时间专门协助他们进行投票。

当这些事项全部完成之后，面对最终的上榜成绩，我就比较坦然了。我当然清楚，这些成绩不全与我相关，但至少有一部分是与我息息相关的。当我再次谈论这件事情的时候，我身心合一，充满了信心和力量，因为我确实为之付出了努力。

如果我从头到尾都没有参与过这件事，大家就会觉得：

海峰，你是来蹭我们的热度的。

但正因为我的努力，而使整个情况变得更好了，我有了存在感，他们也不排斥、不介意带上我了。这对我而言，是一种共赢的局面。

其中有两个关键点：一是在任何合作中，排序都要以对方为主，尊重并考虑对方的需求和利益；二是要尽自己最大的努力，让成果与自己产生实质性的关联，而不仅仅是表面上的接触。

就像你遇到一个明星，与他拍了合影，且发在了朋友圈，这并不意味着这个明星就与你构建了关系；真正与你相关的，是对方在你发完朋友圈之后，主动为你点了一个赞。

## 将合作者的利益放在首位

有些人在寻求合作时会遇到阻碍，其中很大的原因，是他们未能向对方展示，自己的加入为对方创造了价值。或者说，他自身是缺乏价值的。

若想突破这个障碍，在合作时，应优先考虑对方的利益。

如果你在寻求合作时只想着自己的收益，而没有为对方带来相应的增益，那么合作之路自然会障碍重重。反之，当你的加入能为对方带来切实的好处，并且这些好处与对方紧密相关时，这些阻碍就会迎刃而解。

如果你无法做到这一点，那么最好坦诚一些，别轻易提及合作，而是直接说："我求你帮个忙。"这种真诚，反而有可能打动人心。如果对方仍不愿意帮忙，这个时候你可以尝试采取下一步的小技巧：尽量让别人为自己"锦上添花"，而不是"雪中送炭"。

为什么有时你请求帮助，却容易遭到拒绝？很有可能是因为你在要求对方"雪中送炭"，这种劳心费力却得不到回报的事情，大多数人都不愿意施以援手。在每一次请求帮助时，你可以先问问自己：到底是想让对方为你"锦上添花"，还是仅仅想让对方来解救你的困境？

对此，我经常向人传达的信息是：只有邀请，没有要求。

在此分享一个可参考的案例：

有一个平台本来和我有一个小型的合作，邀请我去做嘉宾。

我们之前沟通得很好，我说既然我参与了这件事，虽然我只是嘉宾之一，但我也希望节目能因我而更好。为了体现我的价值，我站在主办方的角度，事无巨细地提醒他们与其他嘉宾合作的注意事项。比如，与嘉宾合作时，除了平台提供的支持外，还需要给予嘉宾一些实质性的回馈等。

结果，他们对我说："海峰老师，不如你来帮我们组局吧。"

于是，我从一个嘉宾的身份，转变为对方主动邀请我进行大合作，成为整个节目的主导者。

后来，因为开屏画面无法容纳所有人，我成了主要的出镜者，其他人都站在我身后。但我提议，我只是站在前面，后面所有人在镜头中的大小应跟我一模一样。

我对此类排序行为非常在意。因为在很多开屏画面中，主角被放大，而在他旁边的其他人都缩放得特别小，成为主角的陪衬。

在我的理念中，不允许忽视任何合作者，特别是那些对自己有过帮助的人。不能因为你是主导者，就边缘化其他人，让他们成为矮你一截的"绿叶"。所以无论何时何地，我们都要将合作者的利益放在首位。

## 寻求合作：与其主动，不如吸引

在当下这个瞬息万变的时代，机遇与挑战并存。单打独斗或许能带来一时的成就，但长远来看，与人合作才是通向成功最为高效的路径。

想要成为别人主动寻求合作的对象，我认为要做到以下两点：

### 能"识人"，才能"聚人"

同样是要成事，有的人需要费力去寻求合作机会，而有的人则能吸引他人主动前来合作，导致这种差异的核心原因，在于你如何看待和对待你的潜在合作伙伴。

**一个人能识人，才能聚人。** 当你具备识人的眼光，能够敏锐地察觉到对方与其他人的不同时，你才能以更贴近他们内心需求的方式与他们合作。

### 与其说服，不如影响

在与人合作时，我们经常会面临一个选择：

**是主动去说服他人来达成合作关系，还是通过自身影响力，去吸引对方主动找我们合作？**

很显然，后者更具有长远性和可持续性。

想要以自身影响力吸引他人主动与我们达成合作，有两个关键要素：

### 因事吸引

你在做一件更大的事，你的使命、愿景和价值观，能激发他人的共鸣，可吸引很多人愿意来帮你。大家对你所做的这件事情的目标和意义是认同的。

### 因人吸引

与你合作过的人，都认可你的人品与能力，会给予你正面的评价，这种口碑的传播能够吸引更多的人与你合作。

有时候，我会询问那些主动找我合作的人，问他们是从哪里打听到我的，是怎么定义我的。他们往往会这样回答：

**我们都知道你在讲 DISC，虽然我们不知道 DISC 是什么，但他们都说你是一个好人。**

因事吸引会让我们的事业更具感召力，可吸引志同道合的人共同奋斗；而因人吸引，则让我们的个人品质成为名片，让更多的人愿意与我们建立合作关系。

金杯银杯，不如客户的口碑。当我们提升了自己的影响力，赢得了口碑，以事和人双重吸引为核心时，才能更好地与他人达成合作，并收获成效。

## 吸引合作，从价值被看到开始

每个人都是自己品牌的代言人，都在努力寻找属于自己的舞台，渴望被看见，被认可，进而吸引志同道合的伙伴，共同创造更大的价值。

想让自己的价值被更多人看到，你需要做到以下两点。

第一点，深挖自己的价值，扩大影响力，与更多的人建立关系联结。

如果你平日只是埋头在做事，或许仅能提升你的专业技能。而如果你与不同的人建立关系，就能进一步发掘自己的价值，并放大口碑影响力。

因此，关系是一切合作的基础，关系塑造价值，而价值决定影响力的大小。

第二点，在高价值人群中，成为瞩目焦点，让人一眼记住你。

想在高价值人群中，让对方记住你，你需要有一个独特的个人定位。这样，你才能从众多人中脱颖而出，给人留下深刻印象。

想吸引人的目光，保持持续的曝光率也至关重要。你不需要随时都光芒万丈，但你必须实时在线，就像QQ的在线显示功能一样，你的头像得亮着，当别人想联系你时，你能第一时间回复。曝光不仅仅是偶尔闪耀，而是持续地输出和展现。流水不争先，争的是滔滔不绝，指的就是这个道理。

你还需要借别人的口来传播自己的形象。因为真正让个人定位产生巨大影响力的，不是你自己如何定义自己，而是别人如何谈论你。比如，当你和几个朋友聊天时，这几个朋友都同时提到某一个人，你便会对这个人产生强烈的好奇心。所以，真正的传播力，是让别人都谈论你，而不是你自己"王婆卖瓜"。

要常保持自省，检讨自己，在寻求帮助时，你是想让别人为你雪中送炭，还是锦上添花？如果你能时刻思考这一点，并努力让自己成为那个为别人锦上添花的人，你的人际联结力就能在短期内得到快速提升。

当你能够赢得他人的尊重与信任，并在高价值人群中树立起自己的良好形象时，便会自然而然地在人群中脱颖而出，吸引更多的人主动寻求与你合作的机会。

## ·建立轻合伙的关系·

关于"轻合伙"的定义,我想提及另一个词——临时组队。

我们往往认为,只有有凝聚力的团队才具备强大的战斗力,而轻合伙没有。但在当今的社会环境中,我认为轻合伙依然有它的价值,轻合伙是一起吃肉,一起喝酒。大家聚在一起,一开始可能并没有明确的目标,但随着时间的推移和相互了解的加深,彼此间的关系也会变得深厚。

我所定义的"轻合伙",即召之即来,来之能战;战之能胜,胜完就散;聚是一团火,散是满天星。

"轻合伙"并非一种长期捆绑的关系,更像是一场快意江湖的偶遇。

## 轻合伙的优势

在轻合伙模式里,每个人都有自己不同的心性,每个人都有自己的创造力,每个人都有自己可激发的精彩。它有以下三个优势:

### 具有创造性

与不同的轻合伙人合作,会有不同的新鲜感、不同的组合方式,会呈现不同的创造性。我们举办了100多期培训班,从不要求班主任遵循既定的标准作业程序(SOP),而是鼓励他们将自己的个性和特色融入班级管理中。

### 稳定性强

以某种世俗意义上的评价标准来说，这种具有创造性的管理模式，往往会导致交付质量不稳定。但是，我们的原则是，确保基本交付达到60分，其余的都是加分项。

在我们的团队中，学员如果未能达到及格分，可以不断地参加复训。这次你未能取得最好的分数，不必担心，说不定下次可以获得最好的分数和更好的体验。我们的标准是60分，这个要求不难达到，因此很少出现质量不稳定的情况。

### 独特的唯一性

很多时候，我们需要的不是最好的体验，而是唯一的体验。

每个组织都有它存在的价值与意义，当基本功能得到满足之后，唯一性是它最具吸引力的部分。轻合伙的模式下，组织往往是独一无二的。因此，我们有理由相信，我个人钟爱的轻合伙模式会成为未来的主流趋势之一。

## 轻合伙的阻碍

在建立轻合伙模式的过程中，我们可能会遇到一些阻碍，需要注意以下三点：

### 洞悉个人期望

合伙之前，首要之务是深入了解每位成员的期望。因为你会发现，即便大家认可彼此的价值，且利益分配也严格按照规定执行，但如果最终的结果不符合某个人的心理预期，他可能会觉得纵然团队很好，做的事情也不错，但他的机会成本浪费了。

### 达成价值共识

在合伙之前,我们还必须明确每个人的价值点所在。如果没有达成价值共识,之后遇到问题就会变得非常棘手,很容易因为意见不合而分道扬镳,导致双输或多输局面。

### 明晰分配机制与退出机制

在充分了解了每位成员的期望并达成价值共识的基础上,我们还需要制定清晰的分配机制和退出机制,并将这些信息清晰地传达给每一位合作者。这是确保合作顺利进行的关键。

## 轻合伙的意义

轻合伙不仅是一种商业模式的创新,也是一种思维方式的转变,更是一种携手共进、共创价值的力量。其意义深刻且丰富,主要体现在以下几个方面。

在轻合伙模式里,你不用付出太大的代价,就能获得"应知应会";在轻合伙这种灵活自由的团队里,每个人都可以根据自身的特长和优势,找到最适合自己的位置;

在与不同背景和经验的合伙人交流互动时,你将接触到更多的思想和方法,从而激发自己的创新思维,提高解决问题的能力;

你有机会通过轻合伙的方式,真正洞悉关系的本质,建立起良好的人际关系网络。这些关系不仅有助于你在当前的项目中取得成功,还能为你未来的职业发展提供更多的机会和资源。

## 轻合伙的机遇

在轻合伙模式里，你至少需要确保自己具备某一领域的专业能力，能成为"二八法则"里的前20%。如果你在任何一个方面都不专业，那么，轻合伙这种模式就不适合你，它更适合那些在某一专业领域水平达到前20%的人。

当然，我们也可以将这个概念的范围扩大，比如，你的组局能力在人群中排前20%，那么你同样适合轻合伙。很多人忽略了组局的能力，认为它不属于专业能力的范畴。但其实，这里所说的20%，是一个更为广泛的概念，它不局限于某一具体技能或专业。只要你在任何一方面能达到前20%的水平，就有可能成为轻合伙中的关键角色。

如果想要成为这前20%中的一员，你的个人定位至关重要。在今天的社会，就有各种各样的"特种部队"，他们的战斗力很强，能够创造出惊人的成果。可能只需几个人，就能创造出几百万甚至上千万的价值，他们能真正做到，"召之即来，来之能战；战之能胜，胜完就散；聚是一团火，散是满天星"。

对职场人而言，要时刻保持自己的"零件"心态，因为零件是可以被放置在任何地方并发挥作用的，而"组件"则往往依赖于特定的环境或系统才能运转。从传统意义上来看，我们可能希望在一个地方稳定地工作一辈子，但更理想的状态是，无论走到哪里，我们都能凭借自己的能力找到饭吃。

从"组件"到"零件"，再到成为独一无二的"摆件"，这是职场进阶的三个不同层级。

作为"组件"，你首先需要到一个组织里贡献自己的价值。你需要思考，作为这个组织的一部分，你能发挥什么功能或产生什么效益？一开始，你可能没法独立去解决问题，需要跟着师傅去学习，在组织里去锻炼和成长。

在这个过程中，你需要审视自己：是在独立地完成工作，还是仅仅作为团队的一员跟随他人完成任务？如果你觉得自己在公司上班了，从此就这样了，那这只是"组件"的思维，不具备可迁徙性和适应能力，你的人生可能会受到限制。

当你成为一个可迁徙的"零件"时，才能够实现职业上的灵活变动，因此，你需要先从摆脱对师傅的依赖开始，学会独立。

当你能独立解决问题时，你就具备了一个"零件"的能力，这时你就可以独自与他人合作，这说明你完成了职业层面的二次进阶，也意味着你在轻合伙中更具价值。

但仅仅作为一个"零件"也是不够的。因为在大组织里，具有相同专业能力的人可能非常多，你很容易被取代。即使你在某个领域里能够达到前20%的水平，也可能面临成千上万的竞争者。

因此，你还需要具备"摆件"的能力，展现自己的稀缺性。

这也是个人品牌、个人IP这么有价值的原因，甚至是企业创始人，也需要做个人IP，因为他要成为那个独一无二的"摆件"。

如果用组件、零件、摆件来进行自我评估，你认为自己目前处于哪个层级？为了向更高层级进阶，你又在做哪些努力呢？

# PART 5

# 借势与造势

- 势能与财富的关系
- 蓄势的方式方法
- 做好借势,快速突围
- 如何做好造势
- 如何互为势能

## · 势能与财富的关系 ·

势能,是一种特殊的能量形态。在物理学中,势能并非单一物体所有,而是相互作用的物体所共有的能量。从市场营销视角来看,势能是销售者、顾客与竞争者之间博弈的结果。

**得势能者得市场,得市场者得天下。势能的大小,直接决定了财富的多少。** 甚至可以说,财富是势能的一种具体体现。凭借个人之力,很难累积起巨大的势能。但当一个人不仅仅代表他自己,而是代表一个群体时,就能汇聚起涓涓细流成江海的力量。

正如牛顿说的那样:"我之所以比别人看得更远,是因为我站在巨人的肩膀上。"置身于巨大的势能之中,就如同站在了巨人的肩膀上,个人或企业能迅速崛起,一年的奋斗或许就能抵得上十年的积累。

**财富只有流动起来才更具价值。** 相应地,当财富的流量吸引了足够多的关注时,才能"势不可挡",实现飞跃式增长。

### "流量为王"的时代,要以势能制胜

新媒体时代,随着各大直播与短视频平台的兴起,很多网红争先恐后地跃入大众的视野。网红之所以收入可观,是因为其拥有庞大的粉丝基础。

**从关系的角度来看,资本已从简单的人际交往,发展到代表或联结更广**

泛人群的阶段。每出现一个网红，都象征某个特定群体或社会现象的兴起。相应地，个人若想赚取更为巨大的财富，也需要成为某些群体或现象的"代言人"。

从组织结构层面分析，公司高管与企业家之所以收入丰厚，其背后的逻辑也正在于此。企业家代表企业，网红则代表普通消费者。网红带货的现象，往往反映了大众的消费偏好与审美取向。

网络生态风云变幻，网红们一茬一茬地野蛮生长，又一茬一茬地快速消失，正如清代戏曲作家孔尚任创作的传奇剧本《桃花扇》中所写的那样：

眼看他起朱楼，眼看他宴宾客，眼看他楼塌了！

网红们享受了流量的红利，吸金无数，有些粉丝量巨大的网红，甚至享受着众星捧月的待遇，但大多数网红都承受着巨大的心理压力。有些人认为，做网红，不能一边享受着公众的爱戴，一边又抱怨个人的辛苦。虽说这个观点不一定客观，但从某个角度来说，每个公众人物，都要明确自己是作为个体还是群体发声。当一个人挣着流量的钱，却只强调个人感受时，就会显得不合时宜，甚至会引起质疑或争议。

虽然不是每个人都能代表大众，也不是每个人都愿意承担这样的责任。但当你享有了财富和势能，就必然要承受大众的期待和压力。

爱尔兰剧作家萧伯纳曾说过，想结婚的就去结婚，想单身的就维持单身，反正到最后你们都会后悔。转换到这一视角，我们也可以说，愿意代表自己的人就代表自己，愿意代表大众的人就代表大众。

我们可以从源头、过程及结果这三个维度来分析财富的积累过程。一个人能否赚钱，赚钱的多与少，不仅是结果的体现，更是"得道者多助，失道者寡助"这一理念的直观反映。

钱赚得少是自己的，赚得多是大家的。那些受到众人追捧的人，从某种程度上来看，是在为大众管理财富。

在"流量为王"的时代，如果想运用势能来积累财富，你就必须做到聚才蓄能。你能代表的人越多，你得到的成就才会越显著。

## 不同场域的势能特点

势能，必须存在于一定的场域。前文中我从口碑传播的角度，提到通过私域、公域、他域这三个场域实现"三次拿下一千万"的业绩目标，在这里，我将从势能的角度，来阐述这三个场域的势能特点。

### 私域势能

私域作为私人可以触达的领地，更具象化，我们可以在私域里"做自己"。私域势能的核心，便是营销我们自己，朋友圈就是我们的"生活纪录片"，记录着我们生活的方方面面。

我们每个人的微信好友列表都可以容纳1万人，若你有个人魅力，便能形成一定的势能。私域势能具有稳定性，排他性强，发展的空间相对较小。

### 公域势能

公域，即我们日常所见的短视频和直播平台。在公域中，如果你标新立异，具备独特的个人风格，就能迅速吸引众多人关注。一旦成为众人的焦点，你便如同"天选之子"，可以有机会代表某个群体发声，或引发某种特殊的网络现象。

比如，你是一位才华横溢的人气带货主播，在"叫嚣式卖货"的大环境中，你如同一股清流，凭借不断输出自己的知识和价值观，与粉丝产生灵魂共振。这样的你，以一种自然而然、水到渠成的方式，轻松达成了销量的攀升。因此，你成为业界争相学习与模仿的对象。你的每一次直播，都仿佛一场文化盛宴，让人们在享受购物乐趣的同时，还能收获知识与心灵的滋养。

公域势能流动性强，排他性弱。公众的注意力如同流水，永远在寻找新的热点、新的偶像、新的故事。一个人即使势能再高，也不可能占据公众的全部注意力，总会有新人脱颖而出，因此，个体需要不断地自我更新、自我超越，不仅要保持势能的高度，更要注重势能的深度与广度。

### 他域势能

他域是通过形成联盟或团队来构建的。比如，你和与你相似的一群人在一起，共同创造产品。在这个场域中，你可以代表自己和朋友们去找到自己的同类，比如罗永浩和他的朋友们就是一个典型的例子。

他域这条路虽然难走，但如果你只局限于私域与公域的发展，可能会失去更多与外部联结的可能性。在他域中，你既可以做自己，保持自己的独特性，又能通过寻找相似的人来增强势能。

与私域相比，他域有更多创造价值的可能性；与公域相比，他域的可控性更胜一筹。同时，他域还是公域中传递信息的重要途径。

## 积累财富，要顺"势"而为

所有的能量都有反噬作用，势能也不例外。在代表他人或做某件事时，你必须清楚你真正想代表谁，以及你是否有能力代表谁？

在公域中，如果树立虚假的"人设"，靠演技赢得人气和流量，那么除非你一直不知疲倦地演下去，否则迟早会有"人设"崩塌的一天。

而在私域中，你必须保持真实，做你自己。同样，在他域中，你也需要明确自己的身份和定位，否则，一旦被认为不真诚或不可靠，你的声誉就将受损。

进一步说，一个人的势能和财富，往往容易存在一种单向思维：我怎么得到它？但实际上，我们更应该思考：我是否需要它？

有时候，你无法获得某样东西，可能是因为潜意识里你并不真正需要它。

欲戴皇冠，必承其重。很多人只渴望拥有巨大的财富，却忽略了财富背后需要承载的巨大压力。我认为每个人的财富量级，都有一个适合自己的范围，当我们的能力与自己想获得的财富不成正比时，财富得到的快，失去的也很快。

因此，那些尚未获得财富的人不要失去希望，而那些已经拥有超出自己能力范围的财富的人，也需要做出明智的选择。很多人没有意识到财富背后无形的能量，可能会因为盲目追求更多的财富，从而陷入焦虑。

我们必须意识到，我们的快乐、痛苦等许多情绪都容易受到这些无形的能量影响。

从私域到公域，再到他域，我们每个普通人也可以参与其中，组建自己的团队，在其中形成自己的"势"，并用它来放大自己的财富量级。因为每个人都有自己的社交圈子，都能影响一定的人群。如果一个人足够强大，他做事情就能够影响到有影响力的人。所以，你是什么样的人，你的性格和品质，决定了你能吸引和驾驭多少财富。

你不妨思考一下，自己当前到底需要多少财富？不要说"越多越好"。因为这样的回答，意味着你并不知道自己真正需要多少财富，也就很难获得更多的财富。当你不能正确地管理财富时，迟早会失去它。所以，不要让自己变成无意识且无价值的财富拥有者。

当你了解了势能，你便能深刻理解财富的流动性。

对于资源、金钱和财富，我们必须明确它们的使用价值大于拥有价值。不要认为自己一直能保持高的势能，因为这很难做到。聪明的做法是，趁自己还有势能的时候，尽快将它"投流"出去，去做别人的贵人。当你投资的人成功时，财富就会回流给你，形成源源不断的流动财富。

## · 蓄势的方式方法 ·

### 什么是蓄势

蓄势，是指积累资源与势能的过程。它意味着，我们要瞄准方向，正确选择与某个人或团队一起合作，以形成更大的势能。正如体积大、海拔高的物体更容易被看到一样，蓄势的过程就是让自己变成"庞然大物"，变得更加显眼、更加值得被关注。

势能不会凭空产生，必须经由具体发生的事件才能进行能量转化。因此，蓄势并非空洞地喊口号，而是需要通过成事来获得。只有当我们亲身参与并成功推动了某件事的发展，这份势能才会真正属于我们，才真正做到了为自己蓄势。

### 善于蓄势的人的特点

一个善于蓄势的人，通常具有以下四个特点。

第一，明白合作的重要性，善于选择与自己同行的人。

擅长蓄势的人，一定不会自己孤军奋战，而是会选择站在势能高的地方，积极参与他人的事务。对许多人而言，你自身的身份或许并不那么重要，但你所交往的人却能反映出你的社交地位和影响力。如果你能与行业内的精英们并肩，这本身就是一种向上生长的方式，一种积极向上的态度。当你懂得向上生长、向上社交、向上学习时，就必然会受到大家的欢迎，会吸引更多的人与你并肩同行。

第二，姿态谦逊，秉持支持者姿态。

一个人想承载势能，其姿态必然是低的，态度必然是谦逊的。

在成为创造者之前，一定要先成为支持者。作为支持者，必须保持承接与承载对方的姿态。同时，你还需要懂得与有势能的人为伍。当你以不争不抢的态度，与团队协调自如时，别人就更愿意接纳你，更乐意将势能借予你。

第三，具备独特的专长，能把握机会展示自己的专长。

想蓄势，拥有一技之长是必不可少的。如果没有自己的专长，就很难在团队中脱颖而出，也就无法形成真正的势能。

第四，角色定位清晰，但不张扬。

善于蓄势的人清楚自己在团队中的角色，不会强行拔高自己。当自身的能力和影响力尚未达到某个层次时，不会提前向他人展示出不属于自己的势能。

## 蓄势的方法，就是成事的方法

从 0 到 1，乃至从 1 到 9 的蜕变，可以全凭个人努力。但蓄势，是在此基础上增加更多 0 的过程。

如果你有一技之长，那么你可以自我独立，也可以借势。但当你仍是 0，尚未有任何建树时，若一味想与强者为伍，即使你周遭资源丰富，也难以对你有实质性的助益。因此，在蓄势之初，你需要思考如何从 0 开始积累。

哪怕你只做到了1，当你成为一个势能载体时，1的后面再加0，就已经创造价值了。此时，你应寻找的是联结与合作的机会，而非单打独斗，不断地让自己跌倒再重新爬起来。要避免什么都想学、什么都想做，这样只会让你不断从0开始。

你应不断提升自己的影响力，吸引更多的人和势能。当你从1到9，创造的价值越来越大，就越容易被他人看到。当他人被你吸引而来时，你应珍惜这份机遇，保持低姿态，与他们共同前行。不要错失这些宝贵的能量，要将其"辐射"出去，吸引更多的势能。

此外，还要边学、边做、边输出。打造个人品牌或IP，就是一种典型的蓄势行为。你不用刻意去蓄势，只要事情做好了，自然就会有势能。当越来越多的人开始关注你、寻找你时，你的势能便真正形成了。

我们社群中流传着一句话：

不要用成长的感觉，代替成果的获得。

有些朋友可能觉得自己在学习、在成长，获得了很多能量。但如果没有具体的行动作为支撑，这种成长带来的势能就无法沉淀下来，并为你所用。

若想蓄势成功，就必须事上见、事上练，要以结果为导向，用实际成果来说话。蓄势的方法，就是成事的方法；蓄势的过程，就是不断成事的过程。

在蓄势的过程中，想做成一件事情，在没有得到结果之前，绝不能放弃。这就涉及战略和战术的选择，很多人会选择创造大事件或做具有挑战性的事情来提升自己的势能。在资源有限的时候，我们要在单点击穿，要"集中优势兵力，打歼灭战"，势必要做到"一毫米宽，一万米深"。

## · 做好借势，快速突围 ·

荀子《劝学》有云："君子生非异也，善假于物也。"君子的资质与普通人并无二致，他们之所以能站在高处，只因为他们懂得利用外界的资源与优势，来增强自己的力量。一个人的力量是有限的，而借势可以带给你无穷无尽的力量。

### 借势，为更大的成事目标

借势，是为了达成更大的目标，你需要积极争取更多的资源与支持。

"万物不为我所有，万物皆为我所用"，这些资源原本不属于你，只有你凭借借来的力量完成任务之后，它们才会转化为你自己的势能。

我们出版的《金句之书》，现在的封面文案是：

74位作者，86位读书会社群创始人，242位金句推荐官，726个震撼心灵的句子，点亮人生前行道路。

实际上，最初我们还有一句文案放在最前面：31位当当影响力作家 。

后来，在图书运作过程中，我们需要借助更多的渠道推广，需要借更多的势，才把这句话拿掉了。

借的钱要还，借的势却不一定。因为"势"是一种无形的力量，借势并非简单的占有，而是一种通过合作达成互利共赢的关系。

借势虽然无须归还，但我们必须铭记这势是借来的。人很容易在借到的势能里迷失自己。当听到有人称赞"你好厉害"的时候，很容易飘飘然，忘了这势并非我们自身所有，而把自己凌驾在借来的势上，忽视了"失势"的风险。

以平台为例，如果你掌握了平台推流的趋势，就容易获得流量。但如果你只是依赖平台的光环，而没有将这份势能转化为自己的实力，那么一旦离开平台，就将失去所有的光芒。这是因为，你只是借到了势，而没有真正掌握和运用这份势能。

借来的势，能否变成你的势能，完全取决于你的借势能力和运用方法。

每个平台都有自己的势能，对应着不同的量级。比如我们发行一本图书，如果目标只是销售一两万册，那么或许只依靠一个强大的合作伙伴就足够了。但当我们有更高的销售目标时，单一的合作伙伴就无法满足我们的需求了。因此，我们必须审慎地选择借势的对象，确保所借之势能够真正助力我们实现目标。

同时，在借势时，我们必须根据自身的需求和目标来选择合适的势能。

如果你只是为了做一件小事，就借用泼天的流量，那么可能会得不偿失。反之，如果你为了做一件大事，而只借来微小的力量，可能最后会约束你，使你无法把事情做大。

## 借势，是破局而出的关键

借势，是一种经过深思熟虑、细致观察而得出的营销策略，现在已成为我们成事的一种方法。借势也是破局的关键。当我们面对困境和挑战，或者迫切想要做成一件事时，首先要问自己：

我可以调动哪些资源？我可以借到哪些势，让我看起来更有能量？

想要借势成功，还不引发他人的反感，必须注意以下两点。

第一，明确你的立场是借势，而非抢夺身份。

在寻求合作或支持时，我们要尊重对方的身份和地位，不要试图通过贬低或忽视对方来提升自己的地位。这样做只会引发对方的不满和反感。

第二，要与被借势方进行良好的沟通。

在沟通过程中，要注意细节，要时刻顾虑对方的感受。我们需要清楚地告诉对方，通过借势，他们能够获得什么好处或回报。比如，能提升他们的个人品牌或未来有更多的合作机会等，让对方看到与我们合作的长远利益，他们才会愿意提供支持。

以《恒星闪耀：高客单新个体》这本书的推广策略为例：

当时是这本书的作者之一王子晶负责做线上推广，我作为这本书的策划人、出品人，没有直接给予他指导方法，而是选择为他借势。

因为他获得了个人战与团队战前三名的优异成绩，我便把其他位列前三的优秀队友一起拉进来当顾问，共同提升影响力。通过借势，将所有资源汇聚在一起，帮助他提升了势能，从而增加了推广成功的可能性。

当时拍摄图书的宣传海报时，我叮嘱子晶，要注意海报上的人物排列位置，让被借势方感觉被尊重，不要让他们觉得，你借他们的势，他们却屈居你之下。所以，最终海报的呈现方式，不是让其他人都围在他的旁边，而是每张海报只宣传其中一个人。让每个人都成为海报的主角，既达到了宣传效果，也呵护了被借势方的心理感受。

通过这次借势，子晶成为最大的受益者。在和合作者沟通时，他也一直不忘传递出一个信息：今天你们帮了我，下次我也一定会帮你们。这样，既表达了对被借势方的感激之情，也为双方未来的合作埋下了伏笔。

借势的最大价值在于，它让每一位参与者都能充分展现自己的优势，相互成全，彼此成就，从而增加未来持续合作的可能性。

**以势成事，以事顺势，方成大事**。如果不借势，我们只能依靠自己的微薄力量。而借势，有机会让自己和他人看到更多的发展可能性。

在借势的时候，有些人可能会感到自己的配得感较低，他们总是会这样想：

我真的有能力借到势吗？我配得上这样的平台或资源吗？

**不配得感，往往源于对自我价值的不确定**。很多人担心自己无法充分把握机遇，甚至害怕在强大的外力面前显得微不足道。

正如大多数人在进行公众演讲时会紧张一样，如果你一直沉浸在紧张的情绪里，就会不断质疑"我能不能讲好"。但当你转换角度，将注意力放在观众身上，把他们都当成你最好的朋友时，你会更擅长表达，会更享受这场演讲。

比如，在演讲中，如果我没有讲过100人的场，面对100名观众时，我可能会有些紧张。一旦我经历过100人的场合，再面对20人的场合时，我就不会感到害怕了。但我面对1000人的场合时，我还是会紧张。可当我成功讲完1000人的场，再面对300人的场合时，我就能够从容应对了。即使如此，当我面对1万人的场合时，紧张感依然会存在。

借势也是一样，你只需要思考对方关注什么，或者你能帮助他们解决什么，然后努力去做到即可。当你通过不断成事，拥有了更大的实力时，你的配得感也会随之增强。

配得感不是天生就有的，而是你在不断成事的过程中，逐渐积累起来的。借势是为了成事，不要过分纠结于自己是否配得，而是要把焦点放在如何努力创造更大的势能上。这样，你的内在动力会更加强劲，也会更有能量去借势。

## 如何联结高势能

如果你觉得自己的资源、能量都还不够强大，却渴望联结那些比自己强大很多的业界精英，获得他们的援手与支持，务必要以目标为导向去借势。有些势能看似高不可攀，但只要你的事业目标与对方的愿景相契合，他们就会自然而然地靠近。所以，借势时找对人，是成功的关键。

比如我们推广一本图书，在寻求业界名人、知名作家做推荐时，有些人置之不理，有些人则会爽快答应。同意做推荐的这部分人，往往是因为这本书撰写的内容，是他们认可的，有他们想表达的观点，他们才心甘情愿地被我们借势，为我们宣传，真心实意地去推荐这本书。

普通的借势策略，往往局限于谁高谁低的比较与衡量，而真正高明的借势，是在寻求与高势能的同频共振。

当你在做的事情、所秉持的价值观，与高势能者想做的事、倡导的价值观高度一致时，你就能够借到他们的势能，并将这份势能转化为更大的势能，创造更大的价值。

## 打造 IP 该如何借势

在打造个人 IP 的过程中，我通过借势、蓄势，采取了三个核心策略：

第一，扩大社交圈，关注你可以团结和吸引的人。一个强大的社交网络能够为你带来更多的机会和资源。

第二，坚守正确的价值观，这将成为你吸引高势能者的关键。当你的价值观与他们的理念相契合时，他们自然会被你吸引。

第三，持续成事，不断提升势能。只有不断取得成就，你的影响力才能持续增长。若不能持续成事，即使你暂时借到了势，也无法长久维持。

我们做社群，也需要借势，特别是在起步阶段。

第一季时我们社群总共有 1121 人，当时罗振宇老师推出一个中秋礼盒，我率先以个人名义购买了一千套。为此，罗振宇在他的罗辑思维里给我做了一条广告，扩大了我们社群的影响力。收到专属书箱之后，我给所有毕业生一人发了一套。这是第一阶段的借势。

第二季时，樊登读书火起来了。我们的毕业生很多都成了樊登读书的代理商，于是，我们给每位成员都赠送一年的樊登读书会员。在发展阶段初期，我们借助了樊登读书的品牌影响力，吸引了更多人加入，等于是"抱了大腿"。

但是，任何一时的助力都不是长久之计，或许能带给我们暂时的流量和关注度，也能够带来短期的效益，但倘若自身实力不够强大，缺乏持续的积累，那么，这些流量和关注终将如过眼云烟，转瞬即逝。

更重要的是，我们不能仅仅依赖外部势能的帮助，而忽视了自身的成长。

比如一个公众号，写了某个名人的文章而有了不错的转发量，虽然能带来一时的关注，但如果没有持续地写出"爆文"，这些经历也只是短暂的闪光点而已，对我们的长期发展并没有多大的助力。

并非所有的势能都值得我们去借。在大事上借势，或许能够带来显著的效益，但在小事上频繁地蹭势、借势，不仅成本高昂，而且难以形成真正的价值。因此，我们需要有选择性地借势，把精力集中在那些能够真正推动我们发展的大事上。

借势只是我们成事过程中的一种手段，只有当我们具备扎实的实力和持续的努力时，才能够真正把事情做成，把势能转化为自己的价值。

## · 如何做好造势 ·

蓄势也好，借势也罢，其目的都在于造势。造势需要创造一个更为强大的场域，必须有绝对的实力作为支撑，是推进成事最为关键的一步。

造势，在商业世界中尤为重要，我们可以借助外部力量使自己站得更高、看得更远，从而获得更多的机会来成就自己。那些拥有更多机会的人，往往都懂得造势；而那些机会少的人，连展现自己的机会都没有。

在造势的过程中，我们需要关注三个关键要素：

### 持续时间长

在造势之前，我们要有长远的眼光，要预见到造势之后的影响力。这意味着我们要有持续性的规划和执行力，以确保造势的持久性。

### 覆盖面宽

造势是为了让更多人入局，所以它的体量必须大，要形成强大的声势和影响力。这不仅要求我们关注核心目标，还要积极拓展相关资源和合作伙伴，以扩大造势的覆盖面。

### 影响力大

既然要造势，当然要追求更大的影响力。在资源分配上，我们要将更多的精力和成本投入宣传和推广上，以确保造势的效果能够最大化。

比如，一场活动有3000元的预算，花了1000元就完成了任务，但我们要把剩余的 2000 元用来做宣传，以此告诉更多的人，我们做成了这件事。

因此，当我们需要造势时，要全面布局和精心策划，从时间、覆盖面、影响力这三个维度上去排兵布阵，以确保造势的成功与持久性。

## 为什么要造势

造势的目的是成事与得势，即把事情做成并获取必要的势能。因此，我们在造势时，必须重视资源的分配，包括分配了多少，以及分配到了哪里。始终不要忘记，造势的目的是成事，而势能的大小，决定了你能做的事情的大小。当你穷尽所有势能，结果却仍然有限的时候，就不要企图去完成一件特别大的事情。

以发售为例，一定要精心策划事件营销，力求制造出一个具有轰动效应的大事件，比如精心策划的求婚仪式、生日会等，给人留下深刻印象。

哪怕你平时"三天打鱼，两天晒网"，在发售的关键时期，也必须全力以赴，不遗余力地投入其中。平时你或许不喜欢打扰他人，但在发售的时候，就必须放下这种矜持，去频繁联系所有潜在客户，吸引他们的关注并参与其中。

因为发售不仅是一次产品的销售，更是一次品牌形象的塑造，一次市场影响力的扩张。你必须抓住这个机会，让更多的人看到你的产品，了解你的品牌，从而增加销售的机会，扩大市场的份额。

若想造势成功，你需要确保你平时展现的人品是正向的，值得信赖的。

发售都是"零存整取",你平时为人诚实守信,人们才愿意在关键时刻支持你。

造势并非简单的炒作或噱头,而是一种深层次的情感沟通。因此,你需要一个特别的理由,或者震撼人心的大事件来激发大家的情绪。

造势的核心在于营造一种强烈的情绪能量。你需要用最大的力气,去制造一个情绪爆点来触动并吸引他人,让你的信息或理念深入人心,才能产生持久的影响力。

## 普通人如何造势

关于造势的策略,《纳瓦尔宝典》一书中揭示了三个关键杠杆。

### 产品杠杆

通过打造具有独特价值的产品,来作为造势的核心,吸引用户关注,激发购买需求。

### 团队杠杆

造势需要一个高效协作的团队,让更多人为共同的目标贡献力量,实现共赢——不只是你在赚钱,你要让别人替你赚钱,还要让团队中所有人都赚到钱。

### 资本杠杆

对普通人而言,重点不是你有多少资本,而是你要成为资本的杠杆,要联结到能借势的人,要利用所能触及的所有资源,来一起合作成事。

在以上三个杠杆的基础上,我们还可以延伸出第四个杠杆,即贵人杠杆(或贵友杠杆)。

从本质上看，无论是产品、团队还是资本杠杆，我们想要撬动它，原动力在于关系的构建与维护。如果我们平时没有妥善经营人际关系，产品就难以被推广，团队也难以产生凝聚力，更遑论有效利用外部资源。

之前我们有一个学员讲过一句话，我认为很适合作为"如何造势"的答案：

当你读熟了《纳瓦尔宝典》，如果还不会用杠杆获得财富，很可能因为你忽略了另外一个杠杆中的杠杆——关系杠杆。

## 如何高级地造势

发售，是给自己造势的有效方法之一。只要你在某个领域里有所积累，你就可以通过一场发售来展现自己。发售的成绩如何，是校验你造势能力的一个重要标准。

我们之所以要造势，是为了成事并得到势能，通过挑战自己，让自己达到一个从未达到过的高度。如今，随着互联网的普及，除了微信，还有很多新的媒介工具，每个人都有机会在自己的社交圈内，利用发售技巧，最大化地创造造势。

发售作为一种造势手段，每个人都可以运用和参与，至少你可以通过你的强关系、社交圈子以及私域流量，以关系为杠杆，争取到一次撬动自己品牌的机会。

我认为，一场成功的造势要做到以下三个关键点：

### 做事高调，做人低调

造势的初衷是把事情做好，而不是炫耀自己的个人能力。许多在发售中取得佳绩的人，往往会巧妙地展现自己的不足或缺点。他们很擅长讲述个人故事，通过故事传达这样的信息：我曾经历过人生低谷，有过不少糟糕的经历，在其他领域我可能并不出众，但在这个领域，我有自己的专长和热爱。

### 你的产品和服务是有价值的

无论你的势能有多高，都不应为一个缺乏价值的产品或服务去造势。你的产品、你的服务是根本，它不必满足所有人的需要，但至少能满足一部分人的需求。它不必是万金油，解决所有人的问题，但至少要能精准解决一部分人的痛点。这样，你才能赢得那些真正认可你、需要你的客户。

### 未经同意，不要随意私聊

在造势过程中，不可避免地会波及一些人。这个时候，你的策略设置就很重要。我们不建议大家未经允许就把其他人拉入某个群或某场活动中，特别是一些不可轻易动用的核心关系。在朋友圈分享信息时，一般人都还能接受，但如果随意发微信私聊某个人，可能就构成骚扰了。

比如，我在群里发一个二维码，说如果有需要就扫码，通常不会引起群里人的反感。但如果我直接把一个群改成其他用途，很多人可能会感到不舒服，因为这违背了他们加入这个群的初衷。

所以，无论是造势还是借势，都应该遵循"只有邀请，没有要求"的原则。

## 如何打造个人品牌

打造个人品牌的主要目的，在于向外界展示并塑造自己的良好形象，要做到这一点，我们必须学会驾驭或使用关系杠杆。

可以通过以下四个步骤达成这一目标。

做好人；

写日记；

传播出去；

反复做。

在社群里，大家很容易陷入一个误区，就是对那些势能较高的人过分"抱大腿"。我们协助某个人创建品牌，其实不用总是关注那些势能高的人。虽然向势能高的人学习能有所收获，但人家势能比你高，他们所能接触到的某些资源和机会，可能并不会完全向你开放。当这些资源与机会不可得时，不如多关注自己，将注意力转移到自我提升上。

以我们社群的学长（姐）为例。

我们会为每5～8名新生配备一位学长（姐）作为指导。

前面提到的四个步骤，是教我们学长（姐）如何通过帮助新生来打造和提升自己的个人品牌。这里有一个重要的前提，是很多新加入我们社群的学员，他们支付的学费往往比之前的学员更高，同时，他们拥有的社会资源也更加丰富。因此，我们的学长（姐）就容易出现一个问题：他们带领的团队中，有些成员的能力甚至超过了他们自己。

此时，我们就会建议他们：不要只盯着这个群体里最出色的人，一味地想着如何与强者比肩。因为强中自有强中手，比如说，你认为自己的文案写得好，但周围的文案高手比比皆是；你觉得自己有钱，但周围比你富有的人更多。所以，你不应该一味地去攀附强者，而是要在这5~8个人里，去找你可以帮助的人，这才是你应该去做的。

在协助新生的过程中，学长（姐）不仅能够见证新生能力的提升，同时，也为他们自己提供了一个展示自我、树立积极形象的机会。这样的正面形象，可能会在未来的某个时刻，促使那些具有高势能的前辈或"大佬"主动与之联结，提供合作的机会。

因此，创建个人品牌的首要任务，是无私地去帮助他人，树立乐于助人、值得信任的正面形象。其次要通过写日记或类似的方式，记录下自己的每一次善举，这既是对自己的激励，也是传播正能量的有效方式。

我们不要小觑传播的力量。不仅要自己传播正能量，更要让那些我们帮助过的人一起转发与分享，这样的连锁传播能放大势能效应，不仅能影响到直接接触到的贵人，还能吸引更多潜在的有影响力的人物关注，并由此带来更多的资源与机会。

如果你做到了以上所有步骤，但仍然没有得到结果。放心，你已经走在了成功的路上，请坚持做下去，反复做，你的每一次努力都是在为未来铺路。

普通人都在找捷径，高手苦练基本功。高手之所以成为高手，是因为他们持续练习，专注于自我提升，当他们不断创造自身价值时，自然会吸引到更多高势能的人。

在创建个人品牌的过程中，我们通常会经历四个标志性的阶段：

你牛（自我证明实力）；

有人说你牛（获得公众认可）；

牛人说你牛（得到行业权威的肯定）；

你说谁牛谁就牛（拥有话语权与影响力）。

要成就大事，关键在于打造标杆客户。标杆客户不仅能证明你的自身实力，还是最大的造势，能产生巨大的势能效应。

打造标杆客户时，我们可以为一名或一群客户提供优质服务，这一过程不仅能为我们个人带来丰厚的回报，而且其背后的深远意义远超于一次性的收益。

我个人的内训价格不菲，所以我基本上不接内训，只为避免与学长（姐）形成竞争关系。但如果有客户愿意提供盖公章的见证函，我甚至可以降低收费标准去承接这类内训，因为我很清楚，我这么做不是为了自己。当我获得一个标杆客户的见证函之后，我们所有的学长（姐）都可以用这个见证函，去与相关的企业进行洽谈或合作。

打造标杆客户是创建个人品牌的重要一环，正如产品发售一样，它是一个典型的成功案例，可以被我们反复用来进行品牌传播与造势。当我们为标杆客户提供了一次良好的体验，通过他们的正面反馈与推荐，无形中为我们吸引了更多的潜在客户。

**欲成大事，必造大势**。当你想打造个人品牌时，要先思考你的大事件是什么，标杆客户在哪里？只有当你清晰地识别并抓住这些关键要素时，你的影响力才能得以持续扩大，最终成为行业内不可忽视的个人品牌。

## 如何互为势能

### 势能中的赢与输

同样是借势,却往往因策略与手法的不同,导致结果大相径庭。

有些人借了他人的势能之后,单方面赢了;
有些人因为方法不当,借错了势,导致关系破裂,两败俱伤;
有些人则互为势能,达成共赢。

● **通过借势,单方面获利**

造成这一结果的原因,往往是借势方只关注自身的利益,而忽略了被借势方的需求与利益。

比如,一部影视作品,在选角初期就发通稿影射某位当红影星将担纲主角,吸引了该影星众多粉丝的期待与关注,然而该剧开拍时则发现主角另有其人。这种不顾他人利益的借势行为,必然导致被借势方产生不满与抵触情绪,甚至以后不会再合作。

● **势未借成，破坏了关系，结果双输**

这种结果的出现，通常是借势方未能准确把握被借势方的期望与需求，或者推荐方式不当，导致被借势方感到不满或失望而造成的。

比如，你写了一本小说，却去找一位从来不看小说的企业家写推荐语，结果自然适得其反。企业家不会真心认可你的作品，读者看到企业家的推荐，可能也不会激起想要翻阅的欲望。

再比如，你找一个形象气质不佳的人，来帮你代言美妆产品；你找一个不自律的人，来卖运动器材；等等。这些都是对双方都不利的"错误借势"，最终必然导致双输的结果。

遗憾的是，许多人在借势之初并未充分意识到自己的方法不对，结果导致双方都不满意，为未来的合作埋下了隐患，严重的还会导致关系破裂，双方的影响力均受损。

● **共赢才是最理想的借势结果**

共赢的结果，会促使双方的关系变得更好。合作中，彼此都能获得一些前所未有的资源与机遇，让双方得以站在更高的起点上，彼此互为案例、相互成就，共同创造更大的价值。

比如，一个实力品牌找一位与其品牌形象相符的明星做代言，不仅能够提升品牌的知名度与影响力，还能为明星带来更多的曝光与商业机会。

而一本励志书籍可能吸引多位企业名人推荐，因为书中所传递的积极信息和双赢理念与他们的价值观相契合。通过推荐，他们不仅为书籍带来了更多的曝光和销售，也为自己树立了正面的公众形象，吸引了更多志同道合的人。

以上这类共赢的借势方式都是互为势能，既巩固了双方的关系，也为未来的合作打下了良好的基础。

## 互为势能，方能共谋大事

所有可持续的、共赢的合作，都是互为势能。

具有共赢思维的人，往往都能够在合作中展现出成事的能力。他们能够深入理解他人的需求和立场，从而有效协商，避免零和博弈的陷阱。面对冲突和挑战时，他们更倾向于寻找双赢或多赢的解决方案，而不是简单地采取对抗或妥协的态度。

那么，如何确定自己具有共赢思维，能在合作中与他人互为势能呢？

要以结果来校验

真正互为势能的合作，其结果必然是双赢或多赢的。校验最终的结果，可以反推出是否互为势能。

合作的过程，也是创造的过程

这种创造不仅体现在新的想法、新的解决方案上，更体现在为对方带来实实在在的增量价值上。通过合作，双方都能获得新的资源和机会，都能实现财富与资源的增量。

要能感受到"互为式"的合作氛围

很多人会忽略感受本身，一般来说，如果合作过程中双方都能保持愉悦的感受，并且能够持续地为双方带来价值，那么我们就可以认为这种合作是互为势能的。

**达成同频共识是互为势能的关键**

你需要清晰地知道自己在寻找什么样的合作者，一旦找到那些与你同频、有共识、有共同语言、愿意一起携手做大事的人，事情就成功了一大半。

想找到对的人，圈子的作用不容忽视。圈子能为你提供一个高效的平台，让你更容易找到志同道合的伙伴。一方面，圈子的搜索范围相对较小，但里面的人往往与你有着相似的兴趣与价值观；另一方面，圈子内的反馈速度很快，你能够迅速了解对方是否适合与你合作。

不同的事情，要找不同的人来做。依靠圈子的力量，还能帮助你扩大搜索样本，让你接触到更多潜在的合作对象。因为任何圈子都会设有一定的入圈门槛，进入圈子的人都已经经过了某些筛选，他们往往更加与你同频。在这些同频的人里，再去寻找有共识的人，就更容易成大事。

## 什么样的人值得互为势能

互为势能的人，其维度与格局更为高远，他们能看到一笔无形的账，一笔看不见的钱。很多人只在乎那些眼前看得见的利益，而忽略互为势能背后的长远影响。

**互为势能的本质，在于对长期关系的深刻洞察**

这种关系超越了简单的交易，蕴含着一种无形的能量，一种能够持续创造价值的作用力。正如我们找人做推荐时，一个势能强大的人，即使后续没有直接联系，他的影响力也会持续产生作用。只要我们身处这个关系网中，与其他优秀的人并肩作战，便能够不断借势成长。

因此，我们不仅要看到共赢的显性结果，更要重视那些无形资产的巨大价值，包括他人给你的"背书"、学员见证等。对于这些宝贵的资源，我们要记录其生成与发展的全过程，让它们可视化、可传播、可校验，这不仅是一种能量的管理，更是一种需要内化于心、外化于行的思维习惯。

无形的能量，相较于有形的利益，更具有深远意义与持久影响力。这个世界的运作法则，在于以无形引导有形，正如领导力与影响力这类无形力量，正是推动事业成功的核心要素。一个人若能领悟并践行这一深刻洞察，意味着他已理解了人际关系与财富积累的本质，认识到互为势能的重要性。

那么，什么样的人值得合作、可以互为势能呢？

我认为一个常常能与其他合作者实现双赢或多赢的人，大概率值得你与他合作。因为能实现多赢，意味着他具备与他人共同成长的意愿和能力。你可以留意身边那些被人评价为"牛人"的人，他们往往具备这样的特质。

我们还需观察对方过往合作的具体情况。每个人都有自己擅长的领域，关键在于找到适合自己的合作模式，才能更为快捷地实现与他人共赢。

共赢，可能是一时的结果，而势能，则是一种持久的状态。你与哪个级别的人实现共赢，往往决定了你所拥有势能的多少。

与不同的人实现共赢，所代表的势能层级也会有所不同。比如，你跟一般的人实现共赢，你的势能便只能停留在一般层级。为此，我们需要时常进行反省、迭代和改进，不断提升自己的段位，积极寻求与更高势能的人合作。

人们之所以慕强，喜欢与更厉害的人合作，是因为与强者并肩，可以拓宽视野，接触到更高层次的信息和资源，这对于个人成长和职业发展无疑是一笔宝贵的财富。而真正强大且慕强的人，不会坐等别人来拉自己一把，而是会主动出击，积极寻求与强者合作的机会，并竭尽所能地实现共赢。

双赢是合作，多赢是利他，共赢是共创和共享。无论哪种赢，都强调平等与互惠，是让每个参与方都能获得自身利益的最大化。在与他人合作时，不妨想想，我们是否真正做到了多赢？在多赢之后，是否有效利用这一成果来增加自己的势能？

# PART 6

## 联盟与势能

联盟是成事的最佳路径

加深盟友关系，让联盟更有竞争力

用别人想要的方式，给别人需要的东西

用产品增加联结的可能性

选到适合的联盟，让成事更容易

相信周期，把握市场大趋势

自信且正确地展示自己的价值

## ·联盟是成事的最佳路径·

此处所说的联盟，不是国家间的联盟，也不是大企业间的联盟，而是超级个体间的联盟，甚至是人人都能参与的联盟。联盟基于关系，人与人之间的联盟，是人的关系和资源的联盟。联盟的本质，就是人和人基于各自的能量得出来的势能与势能间的联盟。

打造联盟，可以蓄势、借势、造势、互为势能。造势跟互为势能中间的关键环节，就是成事。靠自己一个人，只能成小事。而形成联盟，可以长期地互为势能，成倍地放大能量。

打造联盟的关键，在于你能不能让大家实现双赢甚至多赢的结果，增加彼此的势能。作为盟友，要一起做事，一起"打仗"。这既是必要条件，也是充分条件。

### 联盟是成事的必然选择

当下这个时代，联盟正变得越来越重要。我们做的 DISC 社群，就是一个联盟。我们的馆长、群主，通过这个社群联结起来，互相支持。我们与合作的投资机构，也是联盟。我们有好的投资机会，会分享出来，让大家一起抓住这些机会，获取财富。

联盟的保障，是成员之间可以成本共担、风险共担、资源加倍、势能加倍。只要这群人在一起，就能产生深入的合作。因此，说它是成事的最佳路径，并不为过。原因在于：

一方面，随着个体时代的来临，传统意义上的组织结构正发生变化，个体可以以颗粒度更小的方式，产生相互的协作和竞争。

这种情况下，生存的方式无外乎两种：或者你渺小到别人不在意，不会穷尽利益来打压你；或者你强大到别人难以企及，不敢同你竞争。两相比较，但凡想成事，打造联盟显然是一个绝佳的选择。

另一方面，尽管很多个体脱离了强大的组织群体，但也没人愿意活成一座孤岛，都非常需要一个安全的群体空间，联盟的存在也有其必要性。

好的联盟，要适合你，也要能给你提供事业上的确定感。像我们 DISC 社群，有这么多优秀的人在一起，在社群内部能有所收获，这是非常确定的。

至于因为加入了 DISC 社群，他在社群之外获得多少，我们无法确定。他在社群之外获得的，都是他的加分项。

而且，每个人都不是活在一个联盟里，而是活在很多联盟里。比如，我们进了肖厂长的群，进了刘 sir 的书香学舍，又进了星光私董的群。

同时，一个群里可以存在很多联盟。你加入了别人的联盟，也可以建立自己的联盟。某种程度上，这是在创造新的联盟。

当然，这不意味着，没有联盟的人，一定活不下去。也不意味着，所有人都适合建立自己的联盟。

## 联盟增加势能，势能积累财富

从某种意义上说，只要势能增加，财富就会积累。

以我自己为例。一开始，是我创建 DISC 社群。后期，是 DISC 社群成就我。如果没有 DISC 社群，别人可能都不会高看我一眼。毕竟，在别人眼里，我个人的能力再强、财富再多，跟他们也没关系。但我是一个有联盟、有圈子的人，圈子里有让他们致富、让他们获得成就的资源，就不一样了。

如果你想像我一样，用联盟推动自己财富的增长、个人的发展，不妨问问自己：

第一，你重不重视人？
第二，你有没有相应的社交技巧，能不能搞好关系？

如果上面这两个问题，你的答案都是肯定的，那么恭喜你，做联盟可以成为让你获得更多财富的一种方式。因为你能创造一个场域，让别人互相创造财富，由此产生的能量回流，可以给你带来更多财富。

## 联盟成事的三个基本点

做到联盟成事，大家有各自的方法，但最底层的还是心态和意识。对想借助联盟成事的人来说，有三个基本点需要注意：

第一，不把他人之得，视为自己之失。

一群善妒的人在一起，联盟就完了。做联盟的人，要愿意共赢。不把他人之得，视为自己之失。能成事的人，非但不会嫉妒别人的成就，甚至能通过别人的成就，看到自己发展的可能性。你相信自己有办法，在"战斗"中实现多赢，为彼此赋能。

就像我们平时吃自助餐，各自有机会挑到自己喜欢的食物。哪怕你最喜欢吃的已经被人拿光了，店家也会及时补充，下一轮也有机会吃到。带着"不把他人之得，视为自己之失"的心态，才能最终拥有他人之得。否则，哪怕形成联盟，你也不会为别人的成就而欢庆。

当然，对这个世界，每个人都有自己的理解。在资源有限的环境中成长起来的人，会认为人类在玩零和游戏——你拿多了，我就少了。这也无可厚非。但我们始终坚信，人人奉献出一点爱，世界就会变成多彩的花园。

第二，有方法，有共同付出的机制。

在联盟中，设置共同付出的机制，让大家互相贡献，为联盟付出，这尤为重要。校验这个机制的标准，不是"你投入了多少，回报了多少"，而是"因事而聚，因人而留"。

因事而聚的意思是，联盟的盟主，是成事发起人，只负责联盟这件事，只是把大家聚在一起，是聚的人。因人而留的意思是，你跟联盟中的贵人，产生了联结，共同产生了价值和财富，变成很好的关系。

在一个资源丰富的社群体系里，如果你付出很多，却没有得到价值或财富，代表你的打开方式不对，你需要检视自己。

如果你付出了，方式也对，但确实没什么收获，那只能说，你跟这个联盟不匹配。此时，你可以换个联盟，实在没有合适的联盟，你也可以打造一个属于自己的联盟。

比如，我们的 DISC 社群里，希望大家 6 个月之内赚回学费，这是公开的标准。我们校验的契机，隐藏在每一次复训中。大家进入课堂之后，我们会对所有人讲，你们彼此问一问，有没有赚回学费？赚回学费的人好好指导没有赚回学费的，你们共同创造更大的财富。没赚回学费的，要虚心向别人请教。

无论赚没赚回学费,大家依然因为 DISC 社群聚在一起,依然在群里互相帮助。只要有人才,只要大家愿意共同做这件事,这个机制就是合理的。

第三,联盟内部的资源。

联盟里的每个人,都可以一起整合资源。各自的资源、彼此的联结、共同产生的价值、最重要的财富等,在某种程度上都是可控的。也就是说,只要有联盟,就可以用更低的成本、更小的风险、更多的资源,去获得财富。

但是,很多人经常忽略联盟内部的资源整合,而只向联盟之外寻求获益点。

如果你费尽心力打造了一个联盟,却还用传统的金字塔模式"带兵打仗"。先确定谁打头阵,谁打后阵,再一起出去"拼杀",然后一起分配利益,那真是太可惜了。

做联盟,应该有去中心化、网状结构的思维。不要考虑你能为盟友做什么,而要考虑创造了一个什么样场域,让彼此之间发生什么样的联结。毕竟,一个联盟里,盟主只有一个,成员却有很多。

未来,真正能给你带来财富机会的,也许不是工作,而是联盟里的其他人。我们的 DISC 社群里,每一个人都是彼此的资源,你可以与任何人产生联结。只要你愿意多花点时间去经营,回报来得也许会慢一点,但它一定会来。

## 选到适合的联盟，让成事更容易

罗振宇老师在2021年的跨年演讲中说过：想解决问题，别忘了，资源可能就在你身边。联盟就是你身边最好的资源库，是你找到答案的一个重要路径。而且，你在什么样的联盟里，很可能决定了你能成多大事。

### 高层次的联盟和底层次的联盟

联盟有高层次和低层次之分，最基本的判断标准，是能不能在联盟中产生高质量的联结。

高层次的联盟，盟友们积极互动，彼此赋能。有人想搞事，大家能搞起事；有人想"打仗"，大家能在一起"打仗"。我们推出联盟，共同推广合集作品，就是把它当成一个很重要的加深关系、彼此赋能的机会。因为，我们一起同过窗，一起共过事，一起算过账，一起"扛过枪"，一起"打过仗"，建立了深厚的"革命"友谊。不一起经历点事，永远没有办法形成好的联盟。

低层次的联盟，盟友们只是互相加为好友，彼此点赞。某个人做出某种号召，其他人几乎没有回应。如果无法真正联结到每一个人，这个联盟给盟友的价值就非常有限，联盟的层次也相对较低。

## 选择联盟的两个视角

抛开联盟层次的高低，加入联盟的人，往往都有自己的目的和需求。

一种是为了体验，没想过得到具体的收获；

另一种是当作投资，在联盟里找到可以联结的人，甚至是能够转化的潜在客户。

无论是哪种需求，好的联盟，总能给人带来确定感。但是，遇到好的联盟，就像遇到 Mr.Right（真命天子）一样，很多时候要靠自己的运气。因此，更常见的情况是，你要去做选择。

选择联盟时，可以从两个视角切入。

第一个视角，选择适合的联盟。

这个视角下，你要知道你想要的是什么。你要想清楚，你最近在干什么事，需要什么样的联盟。比如，某个老师特别有魅力，他主要提供情绪价值，但当你需要功能性的联盟时，这个老师就不是你的第一选择。确定你究竟需要什么价值之后，对实现你的价值影响比较小的联盟，可以适当少分配点精力。在时间方面适当给自己一些限制，选择联盟就会变得很简单。

第二个视角，选择适合的人。

这个角度下，选择的要素有两个：要么是事，要么是人。

就事而言，是要选择那些在领域内拿到过大结果的。比如，进了肖厂长的群，有机会做到百万发售。

就人而言，是要选择那些值得信赖的。比如，我们群里的5个班主任或者3个班主任，同时推荐一个人，他基本就是一个适合的人。他能得到那么多人的支持，无论做的是哪个行业，都不会出现太大的问题。

联盟是网状结构，就像互联网一样，万物皆可联。在联盟里，大家都有机会互相联结。跟联盟里的其他伙伴，你可以发生碰撞，可以激发火花。如果连相遇都没有，哪有什么创造可谈呢？

## 打造"我们的"联盟

在我眼中，联盟的使用价值大于个人占有。万物不为我所有，万物皆为我所用。因此，没必要一直强调，这是"我的"联盟，而要打造"我们的"联盟。盟主是谁不重要，重要的是成为萌萌哒的"萌主"，成为圈里受人欢迎的人，成为别人想联结的人。只要联结就有价值，只要联结就有发展。

任何一个联盟，都是一个小闭环。你打算用这个联盟做什么事，直接决定了你可以吸引什么人进入联盟。你是一个怎样的人，则决定了大家愿意在这个联盟里待多久。

从某种意义上说，联盟是你做事的一个延伸。你做了一件有价值的事，让更多人去学习，共同去探索，联盟才有存在的必要性。

而且，要想打造一个高价值的联盟，你自己首先要有价值，也要能给盟友带来价值。这就要求，联盟的盟友不能太多。根据我们的经验，一旦超出30人，你几乎就没有办法跟每一个人产生联结和对话。

我们每一个DISC社群，都会分为不同的小组。每个小组5～8人，再加一个学长（姐）。这个群里的几个人，可以进行充分的联结，共同去做一件事或共同学习一个东西。

你也可以创造这样一个社群，让大家互相支持。在这个社群里，你会有更多的机会去呈现自己的价值。

想要做好联盟，需要注意以下两点。

第一点，向人学；

第二点，事上练。

进入一个联盟，你会发现很多优秀的人，他们的优秀会激发你的优秀。另外，你需要积极参与大事件，这样，你的能力才能提升，与他人的关系才能加深。不夸张地说，搞事成事，是"混"联盟的不二法门。

最后，我想说，不仅要找到自己的与众不同之处，还要和所有的人做队友。这里，不妨想想，在群体中，你的价值是什么？

## · 自信且正确地展示自己的价值 ·

我见过很多人，对自己不够自信，觉得自己的价值有限甚至完全没有价值。这种人，与联盟的关联不是很大，在任何合作中，都可能出现。

面对这样的人，我常常问他们："你专业能力不够强，搞关系的能力强不强？搞关系的能力不强，做创意的能力强不强？你别老跟我讲，你不强。你只是不愿意展示自己，给自己找了一个借口。"

### 价值是靠口碑传播的

你进入一个联盟，想要跟一群人产生联结。在技术和能力之外，更重要的，其实是你的口碑如何。

口碑上佳，别人就会替你传。通过他人的嘴巴，说出你的价值，会更有说服力。比如，你和我有过合作，我很信任你。咱们恰好在同一个联盟里，我就会把你推荐给其他人。即便你除了我谁都不认识，也有机会在联盟中传播自己的价值。

当然，在传播的过程中，你也可以采取一些行动，增强传播的效果。

第一，展现正向的价值观，提高内容和传播的可靠性，是非常重要的。
第二，增加对方替你传播的动力，让他知道，今天他帮你，明天你也能帮他。

第三，破除对方替你传的障碍，提供内容的增量和更多的价值。

你的口碑好了，就会有越来越多的人帮你传。形成这样的正向循环，你的价值会越来越大，越来越得以彰显。

## 与人联盟的重点

我们一直觉得，能被联盟接受的人，一定都是强者。其实不用想那么多，加入一个联盟时，你唯一需要考虑的，是你适不适合。如果确实不适合，那就不要强融。适时后撤，也是另一种收获。

与人结盟时，需要注意以下两个重点。

### 找到自己的价值

想与人结盟，展现自己真正的价值很重要。所谓的价值，不只是功能性价值，还有情感价值。你的专业知识、经验、技能等，是功能性价值你受人欢迎的性格特质，比如自信、自爱、热情等，是情感价值。这些价值都是你竞争力的一部分。没必要对自己求全责备，只要清晰地意识到，你在联盟里最有利的竞争要素是什么，这就足够了。

要知道，即便是同一种功能，如果愿意深入探究，仍然有机会找出具有差异化的定位。比如，我跟刘 sir 都在做帮人出书的事情，我能提供的价值是协助作者打造联盟，刘 sir 能提供的价值则是协助作者打造图书代表作。同一件事，切入角度可以不同，只要愿意静下来去找价值，就一定能找到。找到真正的价值之后，放大它，宣传它，自然就能吸引别人与你合作。

即便是那些在常人眼中形象有损的人，也可以在联盟中发掘自己的价值。

我听说，有个小小的圈子。这个社群里面的成员，基本是身负债务的人。尽管负债了，他们依然乐观，这也是一种很正向的价值观。他们之前不仅拥有游艇、飞机，更拥有丰富的资源。他们身上的能量，远超很多人的想象。这种小圈子，也是很有价值的。

### 只有队友，没有对手

我们生活的这个世界，有各种各样的合作、各种各样的联盟，从合作和联盟的角度来说，我们只有队友，没有对手。

与人联盟的形式，也多种多样。

### 一起做大，合作共赢

如果你做的是一件好事，创造的是正向价值，传递的是正能量，那就没必要担心有人在做和你一样的事情。你们可以合作，一起把蛋糕做大。这对你们有益，对事情的发展、完善和完成，也有促进作用。

### 找到差异化，组合开展业务

每个人都有自己的特点和优势，彼此具有差异化。将每个人的差异化、独特性组合起来，往往会比各人单打独斗更容易拿到结果。充分发挥每个人的势能，联盟会越做越大，影响力也会越来越强。

### 不同类型的人，能提供不一样的情绪价值

有的时候，在联盟里面，能提供情绪价值比专业价值更重要。一模一样的功能性价值，由不同类型的人来提供，给人的感受也是不一样的。了解到联盟的不同形式，你就会发现，你真的有能力做到"只有队友，没有对手"。

## 主观上重视，才能看到价值

很多时候，对价值的感受和体验，源自拿到了结果，而且是大家一起参与其中才拿到的结果。当你将这个结果呈现给别人，让别人从中看到你的价值，就会和你产生联结。在这个过程中，**你的发心很重要**。如果你主观上都不重视，不觉得自己做的事情有价值，不愿意参与其中，那你的价值就会被掩埋。

我们的很多学长（姐），参加完一次课程之后，几乎就从社群消失了。等他们出了书，需要宣传的时候，才会到社群里找我，让我帮忙推荐。能帮忙的，我一定帮忙。因为我知道，当他们意识到联盟的价值，就能找到自己的价值。

**每个人都是有价值的，都是一颗钻石，关键是要让自己发光。** 如何才能让自己成为钻石呢？

### 从自己开始

这个社会，永远是一小部分"钻石"，影响另外一大部分人。你要解决问题，要从谁开始？最简单的，是从自己开始。

### 主动给别人提供机会

"钻石"是愿意奉献，愿意照亮别人的。给别人提供机会，帮助别人成长，别人也会反过来支持你。

### 把选择权交给别人

"钻石"懂得尊重别人，会把选择权交出去。这是更高级的做法，能提供更高维度的价值。

### 做个性化定制

即便是"钻石",也只能照亮身边的某些人。随着范围的扩大,"钻石"的影响力会越来越小。最初,多花一倍力气,就可以让做贡献的人从30%增加到50%;然后,多花三倍力气,就可以让做贡献的人增加到80%;可是,就算多花三十倍力气,也没有办法让做贡献的人增加到100%。也就是说,越往后边际成本越高。这个时候,就需要个性化定制。一对一地影响别人,再通过别人去辐射更多的人。

一个联盟里,应该允许大家处于"离线"状态,或者是"待机"状态,甚至是"退出"状态。联盟和学习这件事情,你走,我不送;你来,我风里雨里去接你。

最后,我还想说两句话:第一句,对个人而言,同一件事找到不同的切入点就会与众不同。第二句,所有人都是队友。你不妨问问自己,你在群体中的价值是什么?你觉得你属于哪个群体?

## ·用别人想要的方式，给别人需要的东西·

联盟中的资源，不是被筛选出来的，而是被碰撞出来的。任何没有合作过的两个人，都可以去碰撞。

一次好的合作，往往有两个衡量指标。

第一，我们的收益更大；
第二，我们的关系更好。

有了明确的未来，再去规划接下来该怎么做，拿到结果之后应该怎么分配。用别人想要的方式，给别人需要的东西，这是一种大智慧。

### 不知道怎样合作？

我们也见过很多人，很想和别人碰撞，却不知道怎样进行合作，原因主要有三个。

没有需求

任何一项合作，达成的前提是彼此有需求。有些人缺乏需求，不知道自己想要什么，即便合作的机会摆在面前，他们也不知道如何利用，如何通过合作为别人提供价值。

### 不够重视

还有些人，总觉得自己的资源够多，私域都用不完，根本没必要做公域，难免对合作产生轻视。实际上，真正的联盟组局者，不在于个人拥有多少资源，而在于能汇聚多少资源，而且能让资源互相影响。

我们帮作者出合集，就是在为作者们打造联盟。假设作者总共有30个人，任何一位作者在宣传这本书时，就相当于有29个人一起为他站台。这些人的背后，都有丰富的资源，有些需要深度碰撞的合作，甚至可以在作者们的聚会上达成。

这样的碰撞，是直接、高效的。我们在广东谈项目时，都是用这种方式。盟友们聚在一起，单刀直入，项目什么样，值不值得投，一个下午就能出结果。或者说，投资人里有我熟悉的朋友，打几个电话了解一下情况，也很容易做出决定。

重视与别人的合作，持续不断地碰撞，久而久之，你的资源会越来越多，能为别人提供的价值也越来越多。

### 沟通技巧不足

除了前两个原因外，沟通技巧不足也是一个比较重要的问题。对于这种情况，很多时候，我们可以用"过去、现在、未来"的方法来改善。

过去：你过去做得最成功的事情是什么？

可以从中挖掘出你的优势、你的资源、你总结的经验，甚至你的背书。这一部分，你可以说你认识的精英朋友，也可以说你在过往的项目里担任了怎样的角色。

现在：你现在最重要的认知是什么？

一个人永远也赚不到认知以外的钱。因为，某种程度上，你的认知代表了你的合作理念、合作态度、合作格局、合作方法。同样，你要了解对方的认知，才能倒推出他的合作理念，知道怎么跟他合作。

未来：你未来要达成的目标是什么？

合作的前提，是可以彼此协助，达成更大的目标。你很清楚，对你来说什么是最重要的。在某种程度上，最佳的合作，是你中有我、我中有你。不单是碰撞，更是融合。

你把自己的过去、现在、未来，都呈现给对方，也就给了对方一个很好的钩子，吸引他跟你碰撞。别人感兴趣的话就会跟你联结，主动来找你。

碰撞的价值，大过所有的东西。但是不同的区域、不同的联盟，碰撞的点、其中的步骤是不一样的，要视具体情况而定。

## 没有什么资源最大化

当下这个联盟时代，和工业化时代相比已经发生了天翻地覆的变化。工业时代下人们的认知是，该我赚的，一分不少赚。总希望用最小的投入，换取最大化的产出。而在联盟中，没有最大化，处于小满的状态比较好。小满的状态是什么？是不去追求最大化，而是在边际成本递增的拐点出现之前，努力追求边际成本递减。

这个世界，哪有什么最优？没有最好的自己，最好地做自己就行；没有最多、最好的资源，让资源变得更多、更好就行；没有最大化的产出，让产出比现在更多就行。总之，要永远在"前进的路上"。

现在的大多数人，依然带着工业思维，追求效率最大化。它会让人变得越来越像机器。我不是说机器一定不好，但从人的角度来讲，当你处于这样一种状态，想要闪闪发光，可能要花三十倍的精力。你把自己机器化、工具化了，又要抱怨总是感觉痛苦和焦虑。你为什么非要让自己那么累？

从我自己的选择来说，小满的状态也很好。我不追求最好，并不等于不思进取。只是追求最好时，需要付出的代价太大，得不偿失。尤其是在联盟里，一旦追求资源最大化、利益最大化，价值导向就偏离了我本来的想法。

联盟就像一个矿，如果你总想着把它挖干，你就会永远被套在里面。假如你很幸运，真的挖到了极限，实现了利益最大化，你要面对的局面，只会更加糟糕。要知道，矿被挖空，很有可能出现坍塌，你会被永远掩埋在矿坑里。

反过来，如果你能动态地看待联盟里的资源，保持小满的状态，你就能源源不断地从中汲取能量。

因此，你需要尽快从工业思维向人本思维转换。它会让你减少很多本不该出现的痛苦，让你明白：所有还没有进行的工作，都是机会；所有的联盟资源，都不能无尽地挖掘。

面对层出不穷的联盟资源，你不妨问问自己：

你怎么看待你在联盟里面的产出和收获？

## 用产品增加联结的可能性

前面就曾说过，联盟是"因事而聚，因人而留"。打造一个联盟产品，就是能把大家聚在一起的事。有了产品，就可以增加彼此进一步联结的可能性，让盟友们"因人而留"。

### 怎么做自己的联盟？

联盟中，盟主是纽带，联结每个人，共同形成联盟。作为盟主，不仅要照顾到每一个盟友，还要明确怎么做自己的联盟。

#### 自己兜底

为什么盟友加入的是你的联盟，而不是别人的联盟？因为你兜了底，你提供了资源，提供了足够大的价值。

#### 让大家付出成本

不付出成本，忠实度可能不够。打个不那么恰当的比方，有的女生，总会让追自己的男生吃点苦头，她们觉得，完全不吃苦头就把自己追到，男生可能不会重视自己。我们不能只批判这种做法不真诚，也得看到这种做法的合理性。

#### 拿到结果

盟友加入你的联盟，一定有某种需求，你要真正拿到结果，让他们看到联盟的价值。具体来说，有以下三步：

第一步，盟主提供一个产品或服务，让大家参与进来。当然，这个产品或服务，价值要足够大。

第二步，打造产品或提供服务的成本，是大家共摊的。不付钱的人，进不了联盟。这是为了维护公平和大家的利益，没什么可商量的。

第三步，拿出一个确定性的结果。比如，有一本书实实在在出版了，盟友们拿到了。

### 让大家"打一场仗"

一个好的联盟，应该像一支纪律严明的部队。大家要一起合作，一起"打仗"，在这个过程中加深关系。"打一场仗"，最初级的方法，是每个人都把自己的资源拿出来，大家一起做推广。在这个过程中，我们观察每个人的态度，他对自己的资源是守还是放？合作模式是什么？积极性有多高？配合度如何？大家都展示了自己，有了这个基础，我们再做更多的事。

这样一个联盟，未来会是松散状态。即使此前大家一起同过窗，一起共过事，一起算过账，一起"扛过枪"，一起"打过仗"，现在一起吃着肉、喝着酒，但彼此之间没有共同的长远目标。当然，若再有其他大的事情，你可能优先在这里召集。

## 如何展现联盟的产品？

联盟有了，产品有了，下一步是要展现自己的产品，并且拿到最好的结果。这里，我们有三个常用的理念。

### 大联盟里有小圈子

这是我们的核心理念。联盟里，没有合作过的都是资源，但你没有办法跟所有人一直走在一起，这时你就需要自己的小圈子。在我们联盟里，找到三五个人，可以一起走上三五年，已经非常了不起了。你可以想一想，3年前的朋友，5年前的朋友，你还有多少？

一个联盟里，盟友的认知几乎是差不多的，就这个角度来说，其实是比较容易形成好朋友关系的。你有很大的概率，找到一两个可以合作的人，进而形成自己的小圈子。

### 展示合作，也要展示他人

展示合作，你就不只是展示自己，也让他人看到你能带来的价值，这个很重要。展示他人，你是在为他赋能，他愿意跟你联合起来，你的势能是加倍的。

### 借由合作，让别人帮忙传播

不要上来就打广告，而应是以一种更高级的方式展现自己。你的口碑不应经你的口传出来，而应经由别人传出来。

我们现在做的事情，是希望帮助每一位想出书的作者，都形成自己的联盟。这里，我们讲一讲彭小六老师的案例。

### 第一步，做低价的直播间产品。

他做了一个价值199元的产品，在直播间销售。在一年时间里，他快速做到了直播间六七千人同时在线。但他发现，这六七千人买的都是低价产品。人数虽多，但"战斗力"有限，尤其是影响力有限。

### 第二步，联合出书。

我们联合一些高价值人士，与他们一起出了一本合集，叫《读书会创始人》。这样一来，就有更多的人一起推广这本书，他们的势能变得更强，被更多的人传播。与他们联合出书的20多个人，也变成了他们的联盟核心。

**第三步，为社群中的优秀成员推出师徒计划。**

师徒关系，是联盟中一种比较高阶的形式。师徒制的逻辑，是徒弟跟师父捆绑，徒弟是师父的传承。能成为师父的人，影响力要足够大，势能要足够高。像彭小六这样的优秀者，不仅教徒弟怎么做读书会，还教他们展示自己，甚至有陪跑服务。

**第四步，开发高阶课程。**

徒弟的数量达到一定程度之后，他开始做进一步的筛选，优中选优，并开发高阶课程，为价值更大的人赋能。

**第五步，用书做推广。**

势能积累到一定程度之后，他想做更大范围的推广。他尝过出书传播的甜头，很容易想到用出书这种方式。于是，他联合我、聪聪一起，联合出版了《金句之书》。这本书，我们一个晚上就创作完了，其中一半的人都来自他的社群。这本书出来之后，基本上覆盖了他的所有联盟。随着产品的不断升级，彭小六老师的影响力也在不断提升，行业地位日益升高。

《读书会创始人》和《金句之书》这两本书，已经成了他的**圈子产品**，为个人品牌的传播发挥了巨大的作用。作为读书会创始人，大家想跟他学习怎么做读书会，这是刚需，大家会想跟他联结。具体落地的时候，《金句之书》又恰好符合读者和出版人的需求。

**联盟是你势能的杠杆放大器。**你现在建立你的联盟，最适合招募的是哪些人？最适合用哪种方式？你又比较适合用哪种方式来打造属于你自己的联盟？

## ・加深盟友关系，让联盟更有竞争力・

联盟的魅力在于能够集合多方优势，实现资源共享和能力互补。

无论是企业间的战略联盟，还是个人为实现共同愿景而结成的伙伴关系，维系联盟的稳定与和谐都是至关重要的。

想要在复杂多变的环境中，不断提升联盟的整体竞争力，加深成员间的依存关系，是一项复杂而精细的"系统工程"。

一个联盟的和谐稳定，需要盟主具备大视野、大格局，能够引领联盟不断向前，更需要每一位成员的共同努力与智慧。

### 联盟是一个生命体

有些联盟，或许会因为短期的利益不合而分崩离析，但我们的联盟不会。

我们鼓励在联盟内部形成小圈子，在联盟内部再建立联盟，以促进联盟内部的多元化与深度联结，实现联盟的价值最大化。

一个健康发展的联盟，如同一个充满活力与潜力的生命体，能让我们看到团结的力量、创新的力量和共享的力量。比如，肖厂长创建的圈子，我就认为极具潜力和发展空间。在这个圈子里，我们每个人都有自己的联盟，每个人的身后，都有一系列联盟。

未来，如果一个IP没有联盟的支持，我们应该不会选择与其合作。如果一个IP有联盟作为后盾，他拥有高势能，即使我们个人不能直接与其合作，也可以通过联盟的力量，与联盟中的成员建立联系，实现合作共赢。我们更看重的，是联盟背后的庞大资源和人脉网络。

最佳的合作途径，是我们通过各自联盟的推荐，建立互信，达成联结与共识。我们不需要聚焦现有联盟的垂直领域，而应不断拓展新的联盟，彼此挖掘潜在的合作机会。通过联盟内部的推荐和背书，我们可以更有效地建立起稳固的合作关系。

在联盟内部，我们总能联结到熟人，以及熟人的熟人。而联盟最大的作用，是IP互相向自己的粉丝推荐彼此。我们现阶段的发售策略，通常是以对方的粉丝作为目标受众，在宣传对方的同时，顺便也展示自己。

若想更进一步，就需要制定明确的"游戏规则"，我在我的联盟里强推你，你在你的联盟中强推我，这是一种最为高效的合作方式。

## 联盟的发展阻碍

在创建一个联盟之前，我们需要明确联盟的真正意义，而不仅仅为了联盟而联盟。

联盟的价值，应主要体现在以下三点：

一起创造结果；

提供情绪支持；

有明确的未来展望。

建立联盟的难度远大于建立简单的圈子，对联盟盟主的要求也很高。盟主需要在多个层面进行深厚的积累，包括领导力、沟通技巧以及战略规划等。我们建议，盟主应该将自己创立的联盟和自己参与其中的联盟一视同仁，付出同样的努力。因为联盟的本质，是平等地参与和共同建立稳定的联结。

此外，盟主还需具备重要的品质：愿意俯下身来帮助他人，愿意出让成就感，愿意托举他人。这样的盟主才能真正激发联盟成员的潜力，让每个人都能在联盟中发挥自己的价值。

而有些所谓的联盟，只不过是盟主的个人粉丝群。盟主没有尊重每个成员的价值，更没有鼓励成员们贡献自己的力量。这样的联盟注定是缺乏活力和生命力的，这样的社群也可能会很快沦为"僵尸粉"群。

提及出让成就感，可能有些朋友会感到不适，这是人性中很自然的反应。在团队合作中，每个人都需要为共同目标付出和妥协，而联盟盟主更需要这样的大局观。

出让成就感，对个人而言是一种牺牲，但实际上是一种战略选择，也是形成强大联盟的必要条件。

人性中还有一个不可忽视的点，即对新鲜感的追求。尤其是对于IP来说，无论其多么优秀，随着时间的推移，观众对其的新鲜感都会逐渐消退，关注度和热情也会相应减弱。

因此，作为联盟盟主，应当具备长远的眼光，不断培养新的成员和领导者，以保持联盟的活力和竞争力。

## 维系联盟的核心原则

在维系联盟的过程中，应坚守三个核心原则：

第一，维护联盟内部的多样性

有人说，永远不要说出你真实的意图。因为只有短暂的结盟，没有长期的盟友，不要轻易暴露自己的底牌。但这与我的联盟理念相悖，与短期的利益相比，我更注重联盟的长远价值。

从交易的角度来看，联盟有很多可取之处。它如同一个充满智慧与协作的生命体，当你冲动冒进之时，有人会提醒你应及时止损；当你好高骛远之时，有人会告诉你"十鸟在林，不如一鸟在手"。联盟强调的是务实与稳健，它受众人的监督与鞭策，它能教会我们珍惜手中已有的成果，不会让我们沉溺于不切实际的幻想之中。

于我而言，我更为在意联盟中的关系联结，因为集体的力量源自差异性。

在我们的联盟中，有人言辞犀利、行动果断，也有人温文尔雅、善于倾听；有人外貌出众，也有人相貌平平，但是每个人都是独一无二的。只要他的品行端正，其性格特征、行事风格，都是对联盟多样性的有益补充，能为团队带来新的视角、新的动力。

作为盟主，应为大家提供一个具有包容性的环境，让拥有不同观点、行事风格各异的人都能在联盟中拥有归属感，发挥属于自己的价值。

第二，学会应对冲突，制定联盟规则

在维系联盟的过程中，学会应对冲突是至关重要的能力。

当冲突发生时，我们可以选择将其视为一个重新寻找志同道合伙伴的机会，或是看作一个增进彼此了解的契机。如果冲突是可控的，那么它就是一个宝贵的沟通和学习机会。

面对冲突，我们应保持冷静和理性，不要过度介入或替他人做决策。当联盟成员之间产生矛盾时，他们通常会做出两种选择：

一是将冲突公开化，此时盟主无须主动介入，让冲突双方自行解决即可；二是由盟主出面，在联盟内部解决冲突。

在联盟内部解决冲突，通常会出现两种情况：

第一种情况是，双方的冲突是无意识的行为，盟主可以善意提醒，有些矛盾可以大事化小、小事化了，不要对联盟氛围造成负面影响。

第二种情况是某一方蓄意引发的冲突，且已经对联盟内部产生了不良影响。此时，盟主要在尊重彼此立场的基础上，坚定表达自己的见解。既要展现出宽容大度的风范，又要拿出公正无私的解决方案，促使有过错的一方适时道歉，以达到平息争端的目的。

"不以规矩，不能成方圆"，盟主还需要制定明确的规则和边界，以确保联盟内部的秩序稳定。制定联盟规则，并非为了让盟主掌控一切，而是为了有效维护联盟成员之间的和谐关系。

第三，做好利益分配，建立公平机制

在联盟成立之初，就应明确各项事务的利益分配原则，确保每个成员都清楚自己的权益和责任，这是确保联盟稳定和成员间和谐相处的关键。

在涉及具体利益分配的问题上，通常可归纳为以下四种情况：

第一，亲兄弟明算账

如果你是弱势方，即便是吃亏，也应坚持原则，不要因一时之利而损害长远关系。如果你是受益较多的"占便宜"一方，我建议你保持谦逊和感恩之心，适当舍弃一些额外的利益。

特别是作为联盟的核心成员或群主，应作为"兜底"的一方，主动承担更多的责任。因为无论最终的实际利益如何分配，你们都是既得利益方，都能从中获得额外的价值。

第二，通过合同来明确利益分配

针对这一情况，我建议尽量缩短合约签订的期限。合约签订期限过长，可能对双方都没有足够的保护作用。

若合约只保护了你单方面的利益，如果利益受损方心理失衡，可能会想方设法找到漏洞来对付你。比如对方把合约中涉及不公平的细则对外公布，这样一来，虽然你赢了利益，却失去了信任，这是得不偿失的一件事。

合约是合作双方的重要保障，我们可以在合约中明确各自的权利与义务，当面对分歧与挑战时，合约能为我们提供解决问题的框架和依据。若真正到了要动用合约的阶段，大概率双方都会成为输家。

第三，对于探索性的项目或合作，设定窗口期和止损期

在设定窗口期和止损期时，双方应充分沟通，明确各自的目标和期望，以及可接受的风险范围和损失程度。

在窗口期内，合作双方可以灵活调整策略，不断试错，以期找到最佳的合作模式和方向。一旦合作在窗口期内未能达到预期效果，或者出现了无法克服的障碍，双方应及时止损，避免投入更多资源以致无法获得相应回报。

此外，我们应当给予彼此修正的机会，不必在前期就设定过长的合作期

限，应给予彼此更多的灵活性。与其签署10年、5年的长年限合同，不如考虑3年的期限，这样的"有限"，对双方都有利。

面对不同的意见，我们应保持尊重的态度。我们可以把合作内容划分得更为细致，比如涉及持续的产品创新，双方如何提供支持等内容，只要不侵犯对方的增量利益，就不会出现分歧。当合作涉及有延续性的内容时，我们应尽可能为双方提供修正和调整的机会。

第四，保持规则的灵活性与适应性

规则是动态的。在一个群体中，想要确保核心利益的最大化，需要不断地调整规则，以保持规则的灵活性和适应性。

当设定的规则只适应较短的时间期限时，在这一期限结束后，就自然过渡到新期限的约束条件内。我们需要采取逐步调整的策略，如若这一次我们吃亏了，没关系，继续按原先的约定执行到底，可以等到下次合作时，再进行相应的调整和优化。

当然，我们在维护规则的灵活性、适应性的同时，也要注重成员间的沟通和协调，确保联盟的稳定和持续发展。

## ·相信周期，把握市场大趋势·

在快速变化的市场环境中，个体或组织往往难以独自应对各种不确定性和风险。而打造联盟可以帮助我们顺利地跨越周期，更好地把握市场机遇。

通过联盟，可以将多个个体或组织的优势资源整合在一起，形成一股强大的合力，共同应对市场的变化和挑战。

### 联盟是个人的周期

联盟就像一个人多力量大的接力赛，有两个词可以很好地概括它，那便是"传承"与"新生"。

联盟的创业周期，就如同一个人的生命周期一般，充满了起伏和变化。

在联盟中，每个人的发展节奏各不相同，但它始终保持着旺盛的生命力。

有人起步早，有人起步晚；有人少年成名，有人大器晚成；有人如恒星般闪耀，有人则如昙花一现……但如果将集体的能量叠加在一起，联盟就可以释放巨大的势能，创造无限的可能。

一个人的发展周期往往充满了不确定性，但联盟作为一个生命体，却可以在这种不确定性上寻找到机遇，在充满变数的环境中稳健前行。

联盟具有跨越周期的必然性。因为联盟不仅仅是一个简单的集合体，而是一个由志同道合者共同构建的生态系统，其中蕴含着丰富的资源和多元化的能力。

在面对市场的波动和变化时，联盟能够迅速调动各方资源，共同应对挑战。

联盟的成员之间能够形成互补，共同分享信息和经验，从而更好地把握市场机遇。这种协同合作的力量，使联盟在面对外部冲击时具有更强的韧性和适应能力。

## 跨越周期的重要因素

在跨越周期的时候，有五个需要重视的关键要素：

第一，你要有资源；

第二，你要有势能；

第三，你要有结果；

第四，你要有增量；

第五，你要有可能性。

从联盟的角度来看，当你依靠的资源不再局限于自身的资源，而是能够与其他成员的资源相互叠加时，这种叠加效应能极大地提升资源的价值。

在联盟中，你的成本得以被分摊，风险也同样被分担，而增量收益则由所有成员共享。包括你创造的可能性，也可以由联盟内的成员共同探索与讨论。

联盟的最大优势在于，它能使累积的资源倍增，而成本的负担被稀释。相较于个人努力，联盟显然更容易帮助成员跨越周期，实现持续发展。

以现实中的商业事件为例：

MCN公司备受瞩目，但MCN联盟却比单个MCN公司更加强大。

在MCN联盟中，各大IP还可以再进一步形成小圈子或子联盟，这种灵活的组合方式让创意与资源的碰撞更加频繁和高效。如果联盟运营得当，既可以共享大公司的资源经验，又可以创造内容的多样性。

相比之下，在单一的MCN公司框架里，IP之间的合作，往往受限于公司的决策流程和利益分配机制，合作须经过层层审批，这不仅减缓了合作进程，也可能抑制了创意的自由流动。

而在MCN联盟中，IP间的合作更加自主灵活，他们可以根据项目需求快速组建团队，无需过多烦琐的程序，从而能更快地响应市场变化，捕捉热点，推出高质量的内容。

此外，MCN联盟还提供了一个更为开放和包容的环境，鼓励不同背景、不同风格的IP相互学习、相互启发。这种跨界的交流不仅促进了个人能力的提升，也为整个联盟带来了源源不断的创新动力。

因此，MCN联盟不仅能够帮助成员更好地跨越周期，更能在激烈的市场竞争中脱颖而出，成为引领行业潮流的先锋力量。

那些无法跨越周期而破产的企业，往往是由于信用的崩塌，其背后的关系链也随之断裂。这比资金链的中断更为可怕，因为一旦信誉不再，企业便难以立足。因此，要跨越周期，核心在于你积累的信誉要能跨越周期，你联结的关系要能进入下一个周期。

联盟是一个关系的集合体。原本属于你一个人的风险，在联盟中，被一群人共同分担。在某种程度上，联盟更有利于跨越创业周期，实现稳健发展。

或许有些朋友会心生疑虑：联盟既然是一群人的集合，那会不会存在整个群体遭遇"团灭"的风险呢？

对此，我认为，如果真的出现这种情况，那实际上可能早已预示着个体或联盟本身存在难以忽视的问题。

当然，我们也需要客观来看待这一问题。首先，作为联盟成员，你不能只享受联盟带来的资源与机遇，而不愿意承担相应的责任与后果；其次，联盟之所以存在，是因为每个成员在脱离联盟后，依然能够凭借各自的专业技能或影响力立足。

"聚是一团火，散是满天星。"由于联盟与联盟之间紧密相关，既有内部联盟的交叉合作，也有与外部联盟的广泛联系，因此，联盟具备强大的韧性，面对冲击时能够灵活调整形态，以适应环境的变化。

作为一个不断与外部世界产生联结的关系网络，联盟不仅能够帮助成员拓宽信息渠道，打破信息孤岛，还能有效避免信息茧房效应，让成员能获取更多元、更全面的市场资讯。

联盟的本质，是持续性与动态性并存——它一直存在，人走人来，人来人往。

## 联盟的未来发展趋势

随着 AI 时代的来临，若想不被淘汰，就必须不断提升自我，适应新的技术与环境发展。更为重要的是，要不断培养创造力、批判性思维和解决问题的能力，这些是人类独有的优势，也是 AI 难以完全复制的。

那些易于被复制和标准化的工作，无论是体力劳动还是大部分脑力劳动，都面临着被 AI 取代的风险。事实上，即便是我们中的许多人自认为擅长的脑力工作，也往往不及顶尖人才的水平。

而 AI，正以其卓越的计算能力、数据分析能力和模式识别能力，迅速逼近甚至在某些领域超越了人类顶尖专家的表现。

我有个朋友告诉我，她所在的电话营销部门，已有 95% 的接线员岗位被 AI 取代，仅保留了最顶尖的 5% 进行编程训练，以适应新的工作环境。现实是残酷的，对于我们大部分人而言，都不属于那 5% 的精英群体。这意味着，我们的脑力技能也在被训练，如果不努力自我提升，也会被 AI 取代。

人本主义经济学认为，未来的发展趋势将更加注重"以人为本"。进入 AI 时代，我们的核心竞争力已经转为一种更为复杂且微妙的劳动形式——情绪劳动。情绪劳动的关键点，在于高度重视人与人之间的联结关系，鼓励个体积极融入多元化的联盟与合作网络之中。

在这一发展背景下，处理人际关系的能力，将成为一项不可或缺的基本生存技能。它不仅是个人成事的关键，更是促进社会和谐与进步的重要力量。

无联盟无未来，唯"友者"才能生存。在联盟里，我们不仅能更充分地享受到情绪价值的滋养，还能将这些价值传递给更广泛的人群，然后在众志成城之下，激发出前所未有的创新力与创造力。

未来，人们或许不会再拘泥于自己所在的公司或组织，而是会更重视自己作为联盟成员的身份与归属感。

是的，无论你是否做好了迎接的准备，联盟的时代，都势不可挡地到来了！